# 2025年、人は「買い物」をしなくなる

What will happen to the future of shopping?

## 次の10年を変えるデジタルシェルフの衝撃



会社いつも. 副社長
望月智之
Tomoyuki Mochizuki

CROSSMEDIA PUBLISHING

# はじめに

ショッピング体験の発展で、人々は「買い物」をしなくなる——。

こんなことを言ったら、すぐさま「ありえない」と返されるかもしれない。人々の生活の中で、買い物は欠かせない経済活動の一つ。買い物なしでは、生活に必要な衣服や食材、電化製品も手に入らない。企業だって商売が成り立たない。そもそも「ショッピング体験をしているのに買い物がなくなるとはどういうことだ」と矛盾を感じる人だっているだろう。

しかし、間違いなくその時代は訪れる。それも遠い未来ではなく、近い未来に。

日本でネットショッピングを利用する世帯が1割を超えたのは2005年のこと。私はその翌年の2006年からネットショッピング、つまりEC（Eコマース＝電子商取引）のマーケティングの仕事に携わっている。その間、アパレル・食品・インテリア・化粧品・通信機器・玩具・自動車など、50以上の業種に関わってきた。売上数億円の中小企業から数兆円の大企業まで、会社の規模もさまざまだ。

消費者の心理やニーズの理解に努めてきた私が今ひしひしと感じているのは、**この数年の消費者の消費行動・購買行動が劇的に変化している**ということだ。

私もアメリカや中国といったデジタル先進国にたびたび足を運んでいるが、そこではもはや消費者にとって買い物は「面倒くさいもの」という扱いになっていて、必要なはずだったプロセスを次々に省略しているのだ。

たとえば、実店舗に行くのは時間がもったいないから行きたくない。ネットで予約できないような店には最初から行かない。レジに並ぶのが面倒くさいから少しでも空《す》いている店に行く。商品が届くのを待ちたくないから、多少高くてもすぐに商品が届くECサイトを選ぶ。こういった感覚が向こうでは当たり前になっている。

そのため、小売店や飲食店は、「顧客が面倒に感じることをより少なくする」といった経営方針にシフトしており、実際にそれで大きく売上を伸ばしている。日本にも参入している企業としては、注文した商品をすぐに届けてくれるAmazonや、レストランの料理を家まで持ってきてくれるUber Eats（ウーバーイーツ）、レンタルビデオ店に行かなくても映画やドラマが見られるNetflix（ネットフリックス）などが代表例だ。彼らは「面倒くさい」を解消しながら、日本でも市場の主導権を握ろうとしているのだ。

アメリカや中国では、個人の活躍も目覚ましい。ネット上で熱狂的なファンを持つ個人発のブランドが、今ものすごい勢いで誕生していっている。その中には、リリース前にもかかわらず予約購入者が１００万人以上いるブランドや、YouTubeを使ってたった20分で数億円の売上を挙げるようなブランドさえある。

ただ、個人の独壇場かというと、そういうわけではない。大企業はインターネットへの本格参入には出遅れていたが、いまや大手メーカーも本気でネットに参入する時代だ。

Ｅコマースサイトの歴史を振り返ると、１９９４年にAmazonが、96年にYahoo!、97年に楽天、98年にGoogle、99年にアリババが誕生しているが、Ｅコマースサイトの四半世紀の歴史の中で、メーカーも小売店を通さずに自分たちで直接販売できる手段を手に入れたのである。中間業者を挟まない分、われわれ消費者は欲しいものをより安く買えるようにもなっているのだ。

皆さんのまわりでも、劇的な変化の一端は感じられることだろう。

これまでスーパーやデパート、専門店で買い物をしていた人が、ネットショッピングを利用するようになった。ネット決済や電子マネーなど、現金払い以外の決済方法で支払うようになった。CDやDVDを買わず、レンタルショップにも行かず、定額制の配信サービスを利用するようになった。車を持たない代わりにカーシェアサービスを利用するようになった。ネットオークションやフリーマーケットアプリで中古品を売買するようになった。商品の実物を見ずにネットの口コミを参考にして購入するようになった。

つまり、**10年前とは明らかに買い物の仕方が変わっている**のだ。

ここ数年、百貨店・スーパー・専門店といった小売業界が試練に直面しているのも、これらが対応しきれないスピードで変化が起こっているからだといえる。

これからの10年は、この変化がさらに加速する。AI（人工知能）の飛躍的な進歩、5G（第5世代移動体通信システム）のサービス開始といった技術革新は、もう間もなく起こることだ。社会的にも大きな変化がある。子どものころからSNSに慣れ親しんできた〝SNSネイティブ〟の世代が成人し、購買力を持つようになるのだ。

こうした変化が進展していくことで、人々は間違いなく「買い物をしなくなる」。

もちろん、お金を支払って何かを買うことがなくなるわけではない。なくなるのは、これまでの買い物におけるさまざまなプロセスだ。店に行くことや、現金を用意すること、商品の現物を見ること、さらには商品を自分で選ぶことも含まれる。これまで当たり前だったプロセスが次々に省略され、そのうち「買い物をしている」という感覚さえなくなっていくのだ。

その過程で私たちを待っているのが、本書で詳しく述べる「**デジタルシェルフ**」である。

デジタルシェルフとは、ショッピングサイトの商品一覧のように、物理的な棚がデジタル上に置き換わっていくことも意味するが、本書および私の会社（株式会社いつも．）が考える定義では、その言葉をより広い意味で捉えている。

ここでいうデジタルシェルフとは、

「世の中の電子化が進む中で、日常の身の回りにある、ありとあらゆるものがシェルフ（商品棚）になること」

を意味する。

今あなたが持っているパソコンやスマートフォンは、消費者とデジタルシェルフとを直接つなぐものであるが、将来的にはウェアラブル端末など、別の何かがそれに替わるかもしれない。

ただ、ここで重要なのは、ハード面の変化ではない。

たとえば、SNSでフォローしている人が持っているものと同じものをその場で注文する。映画やドラマを観ながら、登場人物が着ている服を注文する。気に入った主題歌をスマートフォンにダウンロードする。冷蔵庫の常備品が切れるタイミングで勝手に商品が送られてくる。スマートウォッチなどのウェアラブルデバイスが体調の変化を感知して、栄養のある食材を届けてくれる。

**消費者の自覚のあるなしにかかわらず、日常のあらゆるシーンに、買い物が組み込まれていく**。デジタルシェルフは、人々の暮らし自体を大きく変えていく、時代の変化そのものでもあるのだ。

そこでのキーワードは「購入体験」だ。

商品があふれている時代において、商品が優れていること以上に大事なのは購入体験である。2020年代前半には、私たちのショッピング体験が、今までとは明らかに違うものになるだろう。

本書は次のような章構成で、これからデジタルシェルフがもたらすであろう私たちの買い物や生活の変化について、できるだけ精緻に描き出したいと考えている。

第1章　ショッピング体験の進化で、人々は「買い物」をしなくなる
第2章　ショッピングはどう発展してきたのか
第3章　リーディングカンパニーたちが目指すもの
第4章　さらなる進化、「デジタルシェルフ」へ
第5章　「人々が『買い物』をしなくなる未来」の先にあるもの

第1章では、先ほども述べたショッピング体験の進化をさらに掘り起こし、どのような

ことが変わるのか、皆さんにも具体的にイメージしていただこう。第2章以降は、これまでの「買い物」がどう発展してきたのか、今、何が起こっているのか、そして次に何が起こるのかについて述べていく。

私は普段、事業者向けに話す機会が多いが、本書では「消費者の目線」を中心に据えて、わかりやすく話をしていこうと思う。買い物の変化を知ることは、生活に役立つことも多く、その中での楽しみも増えるからだ。

新しい時代が到来したときに何が起こるのかを知り、備えておけば、それを知らないよりも生活を便利に、充実させることができるだろう。

「少し先の未来」の生活を想像しながらお読みいただければ幸いである。

2019年11月

望月 智之

# 2025年、人は「買い物」をしなくなる

目　次

## 第1章 ショッピング体験の進化で、人々は「買い物」をしなくなる

## 第2章 ショッピングはどう発展してきたのか

# 第3章 リーディングカンパニーたちが目指すもの

## 第4章 さらなる進化、「デジタルシェルフ」へ

## 第5章 「人々が『買い物』をしなくなる未来」の先にあるもの

第 1 章

# ショッピング体験の進化で、人々は「買い物」をしなくなる

店舗に足を運ぶ、商品を選ぶ、レジに並ぶ、お金を払う、商品を持ち帰る……。買い物にはさまざまなプロセスがある。しかしそれらのプロセスは、私たちが買い物をする上で、実は「面倒なことだ」ということに多くの人が気づき始めている。このような、ある意味での「買い物の無駄」を省くことで、私たちのショッピング体験は「(買い物をしているのに)買い物をしない」という、新たな段階へと進む。

# 買い物はこんなに面倒くさい

「買う」という行為は、思いのほか面倒くさい。

まず、店に行かないといけない。そのための身支度も整えないといけない。店に行くまでには電車に乗ったり、車を運転したり、自分の足で歩いたりする。

店に着いたら今度は売り場を探さないといけない。目的の売り場に着いても、類似商品がたくさん並んでいる。そこから自分が求めているものを選ぶのも、けっこう大変だ。品質や機能をチェックしたり、値段を見たりと、比較検討することはいろいろある。

買うものが決まったらレジの列に並び、ようやく支払いを済ませる。買った商品を家に持ち帰るまでも買い物だ。

モノを買うためのプロセスを分解すると、買い物とは、そうした面倒なことの積み重ねだということがわかる。

もちろん、反論も考えられるだろう。


「週末に家族みんなで出かけるけれど、『面倒』というよりは楽しいイベントだ」

「好きな服をたくさん見るのが好きだから、買い物はまったく苦じゃない」

「電化製品は機能を見比べて検討したい。いいモノが買えるなら面倒だとは思わない」


こうした意見もきっとあるはずだ。しかしそれは、**「買い物のプロセスの中の一部分」が好きだと言っているだけ**なのである。それも条件つきで。

週末に家族とドライブがてら出かけるショッピングは、確かに楽しいかもしれない。しかし、混雑している駐車場に入るまでに、どのくらいの時間がかかるだろう。帰り道は渋滞に巻き込まれるかもしれない。トイレットペーパーや洗剤、米や牛乳といった日用品・

食料品などに至っては、正直「いつもと同じもの」でいいのだから、わざわざ出かけなくても、誰かに運んできてもらったほうがよっぽどいいのではないだろうか。

「服を選ぶのが楽しい」という人も、それ以外のプロセスは面倒なことが多いだろう。いい服が見つかっても、サイズがない。最近では「近隣の○○店なら在庫があるようです」といったことがわかる店も多いが、いずれにせよ、取り寄せに時間がかかるのであれば、また別の日に来店しないといけない。

電化製品の比較検討も、真剣に悩み出したら数日かかる。実は「信頼できる誰か」のひと言さえあれば、簡単に購入を決められることもあるのに、膨大な時間を費やす意味は本当にあるのだろうか。

## 人々は買い物のために店に行かなくなる

こうした買い物のわずらわしさを大幅に解消してくれたのが、ネットショッピングだ。皆さんの中には、もはや「ネットショッピングなしの生活は考えられない」というほど身近になっている人もいるだろう。

ネットショッピングは、買い物の中で最も面倒な「店に行く」というプロセスを省略してくれた。ほかにも、決済が簡略化され、値段や機能の比較もしやすくなったなど、それまでのショッピングと比べると革新的な要素は多い。楽天、Amazon、ZOZO、メルカリ、アットコスメなどは、誰でも一度は使ったことがあるはずだ。

ただ、日本において、消費者向けEC（Eコマース＝電子商取引）の市場規模は約18兆円だ。この数字は大きいようにも見えるが、**実はすべての商取引のうちECが占める割合、つまり「EC化率」は、わずか6・22％しかない**のだ（経済産業省「平成30年度 我が国におけるデータ駆動型社会に係る基盤整備（電子商取引に関する市場調査）」より）。ネットショッピングが当たり前の時代になったといっても、全部が全部、それで済むようになったわけではない。

とはいえ、EC市場規模・EC化率の数値は年々右肩上がりで、今後もこの流れがそのまま進むことは明白である。

その結果、どうなるか？

人々はわざわざ買い物には行かなくなり、実店舗は街から姿を消していくだろう。すでに地方の商店街では「シャッター通り」が珍しくなくなっているが、今は賑わっているショッピングモールや百貨店であっても安泰ではない。

アメリカでは、大型ショッピングセンターが次々に姿を消しており、UBSが2019年4月に発表したレポートでは、**ECのさらなる普及の影響などで、2026年までに米国内で7万5000店もの小売店が閉店すると予測されている**のだ。日本でも、大手アパレル会社のオンワードが、国内外で全体の約2割に相当する600店舗を閉鎖するというニュースは衝撃を与えた。人口減少や働き手の不足は、構造的にも経営にさらに影響していくことになるだろう。

同レポートによれば、閉店する店の種類で見てみると、特に影響が大きいのが衣料品店で、同期間で2万1000店が閉鎖の憂き目に遭うと見られている。「アメリカの今を見れば日本の10年後がわかる」と言われるが、日本でも現実世界の店舗が消えていく流れは避けられそうにない。

## 店舗離れを加速させたウェブルーミング

「店舗離れ」の動きも、さまざまな方向で見られる。たとえば「**ウェブルーミング**」だ。これは商品探しをまずネットで行い、実際の購入は実店舗でするという消費者行動を指す言葉だが、最近、そのようにして買い物をする人が増えているのだ。

すでに、ネットショッピング購入経験者のうち半分以上は「ウェブルーミング」をしていると言われている。

「いくつも店を歩き回りながら商品を探すのは、疲れるし、時間ももったいないけど、ネット上の写真だけで決めるのも不安だ」

そう考えている人の多くは、ネット上で買うものをほぼ決めておき、最終的に実店舗で現物を見てから購入する。こうしたウェブルーミングのメリットとしては、自分の目でちゃんと確認したものを入手できる、その場ですぐに手に入る、送料がかからない、といったことなどが挙げられる。

逆に、実店舗で商品を探し、ネットで購入する「**ショールーミング**」をする人も多いが、いずれにせよ、これらの消費行動が増えることで、従来の店舗の役割が奪われていることは確かなのだ。

このように、リアル店舗が存在する意義は薄まるばかりで、消費者の中には、単に「商品の受け取り場所」として店舗が存続してくれればいいという人も多いかもしれない。ただ、正直、店舗がその役割だけで生き残ることは難しいだろう。

## ネットを介して「情報につながる」

「本当に店がなくなったら、生活するのに困るんじゃないか」

このような心配をする人もいるだろう。

しかし、店がなくなって大変なことは、実は限定的だと考えられる。生活するのに困るどころか、むしろ今より便利になって、われわれ消費者には有益であることのほうが多くなるだろう。**リアル店舗がなくなっても、「買う場所」がなくなるわけではない。むしろ「どこでも買える」時代になる**のだ。

20世紀生まれの多くの人間にとって、テレビは今も重要な情報源だ。テレビのCMや情報番組を見て、「これが欲しい」と思って実際に店舗に行き、それと同じものを買うということは、これまで当たり前のようにあっただろう。

ネットが普及してこれがどうなったか。テレビを見て欲しいものがあったら、わざわざ後日、店に行くのではなく、その場で「ポチる（ECサイトで購入ボタンを押す）」ことが可能になったのだ。

今後は、さらに「その次のステップ」に進むと考えられる。

具体的にいえば、テレビが起点となるのではなく、インフルエンサーのSNSや友人からの口コミ、自分の情報源が起点となり、モノを買うようになるのだ。

「ネットはもう20年も前から普及してきている。これまでと何が違うんだ?」

そう思う方もいるかもしれない。

確かに、1990年代に、世界中で多くの人々がインターネットにつながった。しかし、そのつながりは「パソコンを使っているとき」に限られていた。私たちがまだ「リアル」と「ネット」を区別しながら生活をしていた時代だ。

しかし、2010年代に入って、スマートフォンが普及したことは、大きな時代の転換点といえる。それは**「ネットにつながる」時代から「情報につながる」時代へとシフトしたことを意味する**からだ。ネットにつながった状態というのは、家の前に新しい道路ができた状態に過ぎないが、これからは、その道路を行き交う人々とのつながりが始まるのである。たとえば、SNSで友人からのこんな情報がタイムラインに流れてくる。

「ネット販売限定のこのシャンプー、ものすごくおすすめだよ」

「この中古車、欲しい人を探しています」

そんな情報が、目の前を行き来して、いつでもどこでも瞬時にアクセスができる。つまり、情報が起点となって直接的に消費行動が生まれることが、これからますます増えていくのだ。

実際、Twitter や Instagram 上には、商品の話やそれを使ってみた感想が驚くほどあふれている。もはや店舗では消費は生み出されていないようにさえ見える。そして店舗の閉鎖が進んで全体的には店舗数が減る中で、チェーン店舗が増えて同質化が進むと、一層ネットショッピングが加速していくのである。

そんな時代になると、店舗は人々から忘れ去られてしまうかもしれない。日用品を除き、「消費者が本当に欲しいもの」は、店舗にはない可能性も高いからである。

## 「品揃えのよさ」に価値はない

仮に「店に欲しいものがない」となれば、消費者にとって店舗はもはや〝用なし〟である。しかし、すべての店舗がある日、突然に消えることはない。時代遅れになり客足が減っていく店舗と、新たな役割を見つけて生き延びていく店舗に分かれるだろう。

先に、「時代遅れになりやすい店舗」から話をしよう。

**時代遅れになりやすいのは、都市部の百貨店や地方の大型スーパー、ショッピングモール、大型専門店**だと考えられる。こうした大型商業施設は、20世紀型経済の発展の象徴ともいえるが、その役目をもう終えつつある。

「週末に百貨店やショッピングモールに出かけているけれど、駐車場に車を停めるのにも時間がかかるし、ランチどきはレストランの行列に並ばないといけない。潰れるなんて想像できないが……」

確かにその通りかもしれない。しかし、にぎわっているのは一部店舗だけで、全体としては苦戦を強いられており、運営企業は経営計画の大きな見直しを迫られているのだ。百貨店大手の三越伊勢丹ホールディングスは、２０１７年に三越千葉店、三越多摩センター店、18年3月に伊勢丹松戸店、そして19年9月に伊勢丹の相模原店と府中店の営業を終了。さらに20年3月には新潟三越を閉店することとなった。

郊外型のショッピング施設に顧客を奪われたことがその原因と言われているが、実は郊外型のショッピングモールも、消費者からすれば時代遅れなのだ。最近ではチェーン店ばかりで似たモールも多いため、消費者から見ると魅力が薄くなっており、テナントがなかなか埋まらないショッピングモールも数知れないという状況なのだ。週末こそ家族連れでにぎわってはいるが、平日昼間は「フロアにいる客数より店員の数のほうが多い」という光景に出くわすこともあるだろう。

これまで大型商業施設が消費者に支持されてきた理由は、「品揃えのよさ」にほかならない。「そこに行けば、探しているものが必ずある」という安心感は、消費者にとって大きなメリットだった。

しかし、今はそれがメリットになっていない。わざわざ店舗に行かなくても、Amazonや楽天などのECサイトで、あらかたのものは入手できるようになったからだ。

消費者にとって面倒なことが、「行くこと」だけなら、まだ話は簡単だったかもしれない。商品ラインナップがいくら豊富でも、そしてそれがたとえECサイトであっても、消費者が面倒だと感じていることがある。それは、「商品を選ぶ」ということだ。**たくさんの中から一つの商品を選ぶことも、実は面倒くさい作業の連続**なのである。

価格を比べ、機能を比べて、店員に意見を求めることもある。その一連の流れは、時間もかかるし、頭も使う。モノによっては数日間、悩みっぱなしということもあるかもしれない。

「一カ所に多くの商品が集まっている」ことは、現代の忙しい消費者にとって魅力的ではなくなっているのだ。大型商業施設の苦境は、人口減少という問題も大きいが、「たくさんの中から選ぶのが面倒になってきた」という消費者心理の変化にも要因があるだろう。

## 「体験型」の店舗が生き残る時代へ

では、「新たな役割を見つけて生き残る店舗」は、いったいどのようなものなのか？
それは、ひと言で言えば、「**体験型の店舗**」である。

ＥＣサイトがこれから先、どんなに進歩しても、なかなかできないことがある。それは「リアルの体験」である。

ネット環境の向上、ＶＲ（バーチャル・リアリティ）の進歩により、近年はバーチャルながら「リアルに近い体験」を目指してさまざまな技術開発がなされている。しかし、現時点ではそれはあくまでリアルではない、バーチャルだ。

たとえば、ネットで評判のカレー屋があるとする。しかし、実際にその店に行かないと、「食べるという体験」はできない。焼きたてのパンを食べられるのも、パン屋だけだ。ネットで注文できるカレーやパンは、レトルトのものや冷凍のものに限られる。いちばんおいしいできたてのものを食べることは、実際に行くことでしか体験できないのだ。

同じ「店舗」でも、飲食店は、もともと「食べる」というリアルの体験が前提となっているので、小売店と比較すると今後も生き残りやすいだろう。
もちろん、もともと競争の激しい業界なので、店舗ごとに見れば商売の厳しさは変わらないし、最近では、「お店で待ったり並んだりするのが面倒だ」というニーズもあり、実店舗や調理場から直接料理を届けてくれるUber Eatsなどのサービスも出てきている。加えて、日本を含めて先進国では人口も確実に減っていくため、実店舗の減少自体は避けられない。ただ、私たちが生きているうちに、世の中から飲食店が消えることは考えにくいだろう。

サービス業も同様だ。美容室やマッサージ、スパ、エンターテインメント施設など、そこに行かなければサービスを受けられないものは、ネットでは代替が難しい。
今後、地方や郊外のショッピングモールで残っていくのは、こうした飲食業とサービス業だけかもしれないのである。

**今、岐路に立たされているのは、小売店**である。小売りの店舗は、飲食・サービス業の店舗ほど、「リアルの体験」を求められていない。消費者からすればモノが届けばいいので、現状のＥＣサイトで十分間に合う。

こうした流れを早くに察知し、すでに店舗展開を大幅に変えている企業もある。世界的スポーツブランドのナイキだ。

ナイキが２０１８年11月にニューヨーク５番街にオープンした「ナイキ ハウス オブ イノベーション０００（NIKE House of Innovation 000）」は、その名の通り、革新的な店舗として話題を集めている。ここでは、ただスニーカーやウェアを販売するだけではない。そこに「体験」を取り入れているのだ。

ナイキの店舗といえば、大量のスニーカーが箱に入れられた状態で陳列された店内風景を想像する人が多いだろう。だがこのニューヨーク５番街のナイキには、そのような売り場は存在しない。スニーカーは一つひとつが美術品のように並べられており、それを見ているだけでもナイキファンには楽しい店舗体験となる。

言ってみればこの店舗は、「ショールーム」として機能しているのである。気になったスニーカーがあれば、スマートフォンアプリでバーコードやＱＲコードを読み取って情報を入手する。そこに店員がいなくても、アプリから試着用のスニーカーを取り寄せることもできる。

ほかにも、スニーカーの部位ごとに色をカスタマイズしたり、専門のスタッフと一対一で相談したりと、個人に合わせた「体験型サービス」を備えている。それをデジタルと融合させた形で実現しているので、ショッピング体験そのものが、新しい体験といえるだろう。

一方で、購入時の面倒なやり取りは省略されている。ナイキのアプリで決済するため、レジに並ぶ必要はないのだ。ナイキは、モノづくりだけではなく、ユーザー体験を高めるためにデジタル投資を積極的に進めるＩＴ企業ともいえるだろう。

このように、小売りでは今後、「体験」がキーワードとなる。

**「わざわざ行く価値がある」という店舗だけが生き残る時代になる**のである。もちろん、このような動きに伴ってお店の形も変わっていく。商品を並べる場所がいらないので、店舗の広さが小型化することも想定される。

そうした意味では、地方にも可能性が秘められている。これだけ物流の発達した時代でも、地方の港町に行けば、「この魚が生で食べられるのはここだけ」ということがある。その地方にしかない食材やイベントがあれば、物欲よりも〝体験欲〟が旺盛な消費者が、わざわざ足を運ぶことも増えていくかもしれない。たとえば、自分でつかまえた魚を料理して食べたり、伝統職人が手づくりでつくったものを何カ月も待って買ったりするといったことは一層増える。

こうした動きは、ネット通販を手がける小さな小売りやメーカーにもチャンスだ。たとえば百貨店の催事コーナーでは、「北海道物産展」などは人気コンテンツのひとつだが、こうした物産展をはじめ、都市部に小さなスペースのリアル店舗を期間限定で出店する「ポップアップストア」を活用するのだ。単にネットで全国販売するだけではなく、ときにこうしたリアルの場を用意して、実際に手に取ったり、試食できたりといった「体験」を提供する。最近は、こうしたポップアップストアの場所を提供するＩＴ企業もあり、中小規模の企業でも比較的手軽に出店できるようになっている。

## 「選ぶのが面倒」な人たちはＡＩを信じ始めた

先にも述べた通り、消費者は、たくさんの中から商品を選ぶのが面倒になってきている。しかし、選ぶのが面倒でも、最終的にはいずれかの商品を選ばないといけない。

従来は、その判断基準が、テレビＣＭや新聞広告などだった。

「テレビＣＭでよく流れているから、これにしよう」

「新聞広告に載っている商品だから安心だ」

そういった判断基準で、商品を選ぶ人はとても多かった。

しかし昨今、従来型のマス広告が消費者に効かなくなっている。特に若い人たちは、広告を信用していない。何かを買うときに、無意識のうちにマス広告によって多少の影響を受けていることはあっても、昔ほど絶対的な価値基準となっていないのだ。

では、すでに選ぶことをやめた人たちは、どんな情報を頼りに、買うか買わないかの判断をしているのだろうか？

彼ら（もはや「私たち」と言ってもいいかもしれない）が信頼を寄せる情報源は2つある。

**〝AI〟と〝口コミ〟である。**

まずは、「選ぶことをやめた人たち」が、なぜ〝AI〟に信頼を寄せるのかから説明しよう。

AI化が進んでも、「商品を選ぶ」というプロセスは人間に残るのではないか。そう思っている人は少なくないだろう。「機械が選ぶものは、ろくなもんじゃない」という声も依然としてあるはずだ。私たちはまだ、機械を全面的に信用しているわけではない。

しかし、実際のところ、今の時点でも「商品を選ばなくなった」という人はとても増えているのだ。

皆さんもネットで買い物をするときに、自分で検索をしたわけではないのに、「あなたにおすすめの商品」といった形で商品紹介をされたことがあるだろう。これはAIが、その人の検索履歴や閲覧履歴、購買履歴などから紐づけて、「あなたにマッチしているのはコレとコレとコレですよ」と、数多ある商品の中から絞ってレコメンド（推薦）しているわけだ。

商品の推薦をＡＩで行うことを開発したのはAmazonであり、その背後には独自のアルゴリズムがある。このアルゴリズムを解読できれば、他社よりも優位にマーケティングができるので、世界中のマーケティング専門家が鎬《しのぎ》を削る世界となっている。

私たちは膨大な商品ラインナップから選ぶ必要はない。**機械が勝手に選んできたものを見て、「可否を判断する」だけの部分も大きい**のである。これはわれわれ消費者にとっては利点が多いわけだが、販売する企業側では、ＡＩが推薦することになると、資本力がある小売りであっても消費者に自由にマーケティングできなくなる。以前のように多額の広告費を使ってマーケティングできた時代ではなくなってきている

機械の選別の精度に疑問を感じている人もいるかもしれないが、まともなサイトであれば、まったく興味のないものがおすすめ商品として上がってくることはあまりない。いつも同じ商品ばかりがおすすめされてうんざりしていたとしても、おすすめの情報はそのうち上書きされて「ちょうど欲しかったもの」に置き換わるだろう。

## テレビCMよりも口コミを信じる消費者たち

そして、「選ぶことをやめた人たち」が信頼を寄せるもう一つの情報源が〝口コミ〟だ。それは自分の知り合いだったり、ネットで活躍するインフルエンサーだったりする。

「あの人がいいと言っているから、きっといい商品なんだろう」
「あの人が使っているものと同じものを使いたい」

インフルエンサーマーケティングがどれだけ身近になっているか、その状況については、あとの章でも述べるが、マスメディアの広告よりも、信頼している人からの口コミを信じて商品を購入することが増えているのだ。

たとえばシャンプーのテレビCMを見て、「この女優さんみたいな髪の毛になりたい！」と思って同じシャンプーを買う人は、以前ほど多くはないだろう。多くの視聴者は、その映像にCM上の演出効果がいくぶん含まれていることを最初から知っている。つまり、商品の認知にはつながっても、購買に直接的に結びついているかどうかは、なかなかわかりにくいのである。

それよりも、**同じ髪の毛の悩みを持ったインフルエンサーや友人などから、「このシャンプー、私たちみたいな髪質にすごく合うから試してみなよ」と言われたほうが、今の消費者にとっては購買に結びつきやすい**。

近年、YouTuberやインスタグラマーを使ったインフルエンサーマーケティングが増えているのも、テレビCMよりも高い訴求効果に期待する企業が増えているからだと考えられる。

さらに面白い動きとして、アメリカでは、ショップ店員の採用については、Instagramのフォロワーの数の多い人を採用する流れも出てきている。影響力のある店員は「プロ店員」としてますます市場価値が高まる。そして、すでにそうした店員の引き抜きも始まっている。店員は商品陳列やレジ係という時代は終わり、プロの販売を求められるのだ。

また中国では、アパレル店舗の中に、ライブ配信するためのブースがあり、販売員ではなくインフルエンサー（KOL＝Key Opinion Leader）がそこを使って自由にライブ配信できるという動きも始まっている。店舗は「ライブ配信場所」に変化していくのである。

私たちがこのように、ＡＩや口コミに頼り、自分で選ぶことをやめた理由の一つは、「面倒だから」であるが、それ以外にも理由はいくつかある。

「自分の感覚だけで選んで失敗したくない」
「選ぶ時間がもったいない」
「みんながいいと言っているものが欲しい」

自分で選ぶことが必ずしもベストの選択ではないとわかっている人たちにとって、「自分で選ばない」ことは、もはや珍しいことではなくなっているのだ。自分が本当に好きなものや、商品知識が豊富なものに関しては、「自分で選びたい」という人でも、そこまでこだわりのない買い物であれば、手短に済ませたいだろう。

# サブスクリプション（定額制）で音楽を聴く人が増えた理由

近年、さまざまな業界で採用され始めている「サブスクリプション」。**このサブスクリプションのビジネスモデルも、ある意味で「買い物プロセスの省略」から生まれたサービス**といえる。サブスクリプションとは、製品やサービスを定額で一定期間使用（利用）できるビジネスモデルのことだ。日本語では「定額制」や、略称の「サブスク」などと呼ばれることもある。

日本でこの言葉を一般消費者に広めたのは、音楽配信サービスだろう。2016年に日本市場に参入してきたSpotify（スポティファイ）、サイバーエージェントとエイベックスが手掛けるAWA（アワ）、ほかにもAmazon Music UnlimitedやApple Music、LINE MUSICなど、さまざまなサービスが展開されている。それぞれ聴けるアーティストや曲数などの差はあるが、「定額で音楽が聴き放題になる」という点では共通している。

音楽のサブスクが始まる以前は、CDショップやレンタルショップといった店舗が、消費者と音楽を結ぶ存在だった。しかし、そうした店舗での購入やレンタルは、われわれにとって不便と感じられることも多かったのだ。

CDを買うのにも、借りるのにも、まず店舗に行かないといけない。店舗でCDを見つけたら、それをレジに持って行き精算をする。買い物が終わってからも面倒なプロセスが多い。CDプレーヤーにCDをセットする。CDラックの整頓をする。レンタルであれば、店舗への返却も絶対に忘れてはいけない。

CDとサブスクの間の過渡期ともいうべき時期には、1曲単位でパソコンやスマートフォンにダウンロードする音楽配信も始まった。CDを買ったり借りたりするのと比べてプロセスは大幅に省略されたが、曲ごとに決済するプロセスはまだ残っていた。

サブスクは、定額制にすることでそのプロセスを排除し、

「たくさん音楽を聴きたい」

「音楽をかけっぱなしにしておきたい」

「曲ごとにいちいち決済するのが面倒くさい」

といった人たちを取り込むことに成功した。アカウントを作成し、クレジットカード情報などを登録しておくだけで、あとはいつでも、いろいろなデバイスから音楽を再生することができる。

1990年代に日本の音楽CD市場は黄金期を迎え、その後、「CDが売れない時代」へと突入した。一部の人たちからは、「日本のアーティストがいい曲をつくらなくなったからだ」と批判する声が上がることもあるが、いわゆるCD不況は日本だけでなく世界中で起こっていることであり、原因は別のところにあったと考えたほうが自然だろう。

**その原因こそ、先ほどからたびたび触れている「買い物のわずらわしさ」**なのだ。

サブスクは、「買い物のストレス」から音楽ファンを解放した。買い物のわずらわしさのために音楽を聴かなくなっていた人たちを、音楽に振り向かせたという功績も大きい。

アーティスト側からは当初、サブスクのサービスに楽曲を提供することに拒否反応もあった。自分がつくった曲は、「聴き放題」で聴かれるよりも、「曲を買った人」に聴いてもらいたい。アーティストでなくても、その気持ちは十分理解できるところだ。現にサブスクのサービスが始まったばかりの頃は、人気アーティストの楽曲が少なく、利用者としてはがっかりすることも多かった。

しかし、サブスクが浸透する流れの中で、大物アーティストらも続々とサブスクでの配信を解禁しているのだ。時代の流れには抗えないのだろう。

## 世の中のあらゆるものが「サブスク化」される

音楽以外のサブスクでは、Netflix や Hulu（フールー）、Amazon Prime などの動画配信サービスが活況を呈している。これも先ほどの音楽ＣＤと同様、ユーザーは毎月定額料金を払うことにより、動画配信会社が提供する映画やドラマなどの映像作品を制限なく楽しめるようになっている。

最近は、こうした動画配信会社がオリジナル作品の制作も手掛けているが、その予算も年々膨らんでいる。オリジナル作品というと、低予算のものをイメージする人も多いかもしれないが、大物俳優が起用されたり、スケールの大きなSF作品がつくられたりもしているのだ。

Netflixはオリジナル作品の制作にとりわけ積極的で、2019年のオリジナル番組予算は実に150億ドル（約1・6兆円）にまで拡大しているのだ。同社の攻勢は既存の映画業界関係者たちも無視できなくなっており、スティーブン・スピルバーグ監督が「Netflixの作品をアカデミー賞から除外すべきだ」と意見表明するほどだ。

この〝サブスクブーム〟は、音楽や映画のコンテンツ配信のみならず、ほかの商品・サービスにも広がっている。

雑誌や漫画のサブスク。自動車やバイクのサブスク。洋服・子ども服・クリーニング・家具のサブスク。ウォーターサーバーやコーヒーサーバーのサブスクなどを利用している企業も多い。ラーメン屋や居酒屋などの飲食店まで、最近は定額食べ放題・飲み放題というサービスも始めている。いまや、探せばどんなジャンルでもサブスクサービスに当たるほどなのだ。

サブスクのメリットは、「好きなものをどれだけ使っても料金は一定である」という点だ。中には買い取り形式のものや、回数制限のあるサービスもあるが、一回ごとに商品の値札を見て、財布と相談する必要はない。


サブスクが省略している買い物プロセスとしては、店舗への移動・決済・商品の包装・受け渡しなどが挙げられる。また、「選ぶ」についても、長い時間をかけて検討することはあまりない。いろいろなものを実際に使ったり、食べたり、試したりすることができ、また多くの場合は解約も簡単なので、たとえ商品選びに失敗しても、それほど痛手ではないだろう。

今、われわれが「わずらわしい」と感じることをいくつも省略しているサブスクリプションサービスは、ますます広がっていくものと考えられる。

# サブスクで利用メリットが大きいものの「ある共通点」とは？

**サブスクのメリットは、商品やサービスの価格が高いものほど感じやすい**といえる。

たとえば自動車。今の若い人たちにとって、車は手の届きにくい高額商品の筆頭だ。地方に住んでいて、「車がないと暮らせない」という人以外、自動車を買う若者は少なくなっている。

そんな中、トヨタや中古車販売のガリバーなどは、サブスクで自動車を貸し出すサービスを開始している。新車価格で５００万円ほどの車種が月々10万円以下で、２００万円弱の車種なら４万円程度で乗れるだけでなく、税金や保険料も節約できるので、購入に比べて大幅に費用が圧縮される。

もちろん、これでも「高い」と感じる人もいるだろうし、「ずっと乗るなら買ったほうが安い」という意見もあるだろう。

ただ、「まとまったお金が貯まるまで時間がかかる」「子どもの成長に合わせて車を乗り換えていきたい」「買えば高額な新車に乗ってプライベートを楽しみたい」といった人には、経済的なメリットの大きいサービスなのである。

女性の場合、ファッションにいちばんお金をかけているという人も多い。ただ、平均的な給与では、好きな服を好きなだけ買うということは叶わない。ブランド品も特別な買い物だろう。

そこでサブスクの出番である。定額で洋服が借り放題になるサブスクは、すでにいくつかある。自分では買い揃えられないほど多くの洋服を着ることができ、家で洗濯をしたり、服をクリーニングに出したりする必要もないのだ。月々1万円程度の利用料なら、毎月の洋服代より安く済むかもしれない。

シャネルやグッチ、エルメスなど、ブランド品のバッグを貸し出すサービスも現れた。ラクサスというサブスクのサービスでは、月額6800円でブランドバッグが使い放題になる。この金額で好きなブランドのバッグを使い回せるのは、ブランド好きな人にはかなりお得かもしれない。ラクサスがサービスを開始したのは2015年だが、会員数はすでに30万人を超えているというから、いかにこのサービスが浸透しているのかがわかる。あなたの職場にユーザーがいてもおかしくないだろう。

勘のいい人は、すでにお気づきかもしれない。

サブスクとレンタルが、とてもよく似ているということに。

自動車のサブスクは、毎月決まった料金を払えば、自分の好みの車に乗ることができる。ただしこれは、呼び方を変えればカーリースやレンタカーと変わらない。契約内容で細かな違いはあれど、その車は結局「自分の所有物」ではないのだ。

サブスクの中には、返却の必要のないもの（買い取り形式のサブスク、飲食のサブスクなど）もあるが、サブスクの存在理由の一つは、「所有するにはお金がかかるものを、手頃な価格で借りられること」なので、「サブスクといえば借りるもの」と認識する人も増えている。

実際、サブスクとレンタルの境界線はあいまいになってきている。**サブスクを利用するかどうかの選択は、「所有するか、所有せずに借りるか」と同義になりつつある**ということなのだ。

そして今、その「所有」の概念が大きく変わりつつある。

## 「買っているのに所有しない」——われわれの概念を変えたメルカリ

20世紀後半の高度成長期には、「高価なものを所有すること」が一つのステータスだった。テレビ・冷蔵庫・洗濯機が「三種の神器」と呼ばれ、それらの電化製品を所有していることが、家族の幸福度を測る価値基準でもあった。その後も、自動車・マイホーム・別荘などを所有することで幸福度が満たされていることも多かった。

しかし今は、所有することだけではなかなか喜びを見出せない時代なのだ。むしろサブスクやレンタル、シェアなどで、所有することのリスクやコストを減らしたいという人が増えている。自動車や電化製品を所有していないからといって「恥ずかしい」という感覚を持つことも、あまりないのではないだろうか。

人々の所有の概念は、今まさに様変わりしようとしている。若者世代では、それがさらに顕著だ。

その流れをつくっているのが、さまざまなアプリだ。

個人間同士の売買を成立させるフリマアプリの定番「メルカリ」は、近年、急速に利用者数を伸ばしているアプリの筆頭格だ。ニールセンデジタルの調査によると、2019年4月時点のメルカリの利用者数は2216万人。これは前年同月比33％増という伸びようである。同調査で利用者数が5004万人のAmazonと比較すると半分弱だが、世界的ECサイトの代名詞ともいえるAmazonの半分弱というだけでも、相当な利用者数がいることがわかる。

このメルカリの急成長によって、人々の買い物の概念・所有の概念も大きく変わりつつある。そこでは、**「買っているのに所有しない」という不思議な現象まで起こっている**のだ。

いったい、どういうことか？

所有することに価値を感じていない人の中には、メルカリで中古の洋服を買い、それを一度だけ着てすぐにメルカリに出品する、という使い方をする人もいる。これは、「短期的な売り買い」と見ることもできれば、「買ってから売るまでのレンタル」と考えることもできるのだ。買い値と売り値の差額がレンタル代というわけである。

中古の洋服は、いったんはその人の所有物となるが、当の本人は最初から売るつもりなので、「所有している」という認識はまったくない。これが「買っているのに所有していない」という状態だ。

一般的なレンタルサービスが、自動車やCDなど「特定のモノ」を貸し出しているのに対して、メルカリは規約で出品が禁止されているものを除いて、何でも「擬似的なレンタル」が可能だ。自転車・子ども服・パソコンなどのほか、食料品や使用済みの口紅まで出品されている。

私と同世代の人たちは、子どもの頃に「モノを大事に長く使うことがいいこと」と教えられてきた人が多いと思うが、今はそれが逆転している。「モノを長く持つことが非経済的」と考える人が多くなっているのだ。

# アパレル業界へのメルカリの意外な影響

アパレル業界では今、「セールしても売れない」と悩むブランドが少なくない。実はこの現象も、メルカリの影響が大きいと考えられるのだ。

皆さんも、セール品を狙ってバーゲンの時期に服を買いに出かけたことがあるかもしれない。定価の2割引、3割引は当たり前。半額以下の商品の中に、掘り出し物が交ざっていることもある。

同じ商品、または類似商品であれば、割引されていたほうが消費者としてはありがたい。しかし、「割引されている商品を敬遠している層」もあるのだ。

その層の人たちは、決してお金持ちというわけではない。先ほどから触れている「所有しないこと」を選んだ人たちだ。

セール品は、メルカリなどのフリマサイトでも値崩れが激しい。安く買えても、中古品として売るときに、いい値段がつかないのだ。しかし、セール品にならず、定価で販売されているものは、比較的高値で取引が可能だ。フリマサイトを積極利用する人たちにとって、値崩れしにくいことは大きな価値である。

この現象は一見すると、フリマサイトの利用者だけに限られる局所的な出来事のように思える。しかし、それ以外の消費者にも影響は出ると考えられる。**モノの流動化が進むことにより、店舗間の激しい値下げ競争は時代遅れになる。**これまでよりも、セール品に商品が回りにくくなるのだ。

## 価格の最適化で比較サイトが消える!?

「値下げ競争がなくなることで、消費者は損をするのでは?」

そんな心配をする人もいるかもしれない。しかし、単純にそうとも言えないのだ。

先ほど、激しい値下げ競争は時代遅れになると述べたが、価格は高すぎず、安すぎず、店側と消費者の双方にとって適正価格へと収束していくものと思われる。それはＡＩの発達によるところが大きい。

これまで、価格は「人」が決めるものだった。店長やスタッフが他店の価格を見て、それに対抗する価格で安く売る。消費者も、少しでも安い店を探す。各店舗の値札を見て回り、人によっては「値切る」こともいとわない。

しかし、ネットの普及でそれも過去の風習となりつつある。ひと昔前なら、家電量販店で電化製品の価格交渉をする消費者も珍しくなかったが、最近はそういう人を見かけることが少なくなった。現物限りの処分品などは別として、一般の商品は、だいたいどこの店も価格が横並びで、しかもネット対抗価格となっているので最初から安い。これ以上価格が下がりにくい状況で、わざわざ値切るのが面倒になっているのである。

もしこのとき、「本当に安いのか」と心配な人は、その場でスマホを取り出して、ネットの最安値を確認するだろう。ネットのほうが安ければ、ネットで注文する。先ほども触れたショールーミングだ。

この際、ショールーミングするような人の多くは、Amazonや楽天を参考にするだろう。Amazonであれば、ほかのサイトと比べても最安値かそれに近いことがわかっている。そしてサイトも見やすい。

あるいは価格ドットコムのような価格比較サイトを見る人もいるだろうが、店舗によってポイントがついたりつかなかったり、配送料もまちまちだったりするので、検討するのに時間がかかってしまう。最安値の店が利用したことのない店舗だと、ユーザー登録も面倒だし、信用していいのかという不安もある。出品者サイトのリンクに飛んだりとプロセスが多いので、最近は選ばれにくくなっているのだ。

こうした価格比較サイトは、長らくネット利用者の間では重宝されてきたが、今はAIによる価格の最適化が進み、どこのサイトも価格はあまり変わらない。たとえば同じような値段なら、価格比較サイト経由でこれまで利用したことのない店舗で買うよりも、使い慣れたAmazonなどのサイトのほうが消費者も負担が少ないということだ。

ネットショッピングは、実店舗に買いに行くより便利だが、慣れてくると、いちいち見て比較するのが面倒になってくる。**情報が多すぎるのも、消費者には正直しんどいのだ。そのため最近のECサイトは、「情報をたくさん見せる」のではなく、「すっきりとわかりやすく見せる」傾向にある**といえる。

ちなみにAmazonの商品は、彼らが直接売っている場合と、Amazon以外の業者が同社の場所を借りて売っている場合がある。つまり同じ商品でも、複数の出品者が存在することもあるが、最も安く販売している出品者だけがページ上に表示されるため、常に最安値のものが見えている形だ。

これからAIがより身近な時代になるが、実は価格の最適化こそ、AIが最も得意とするジャンルなのだ。人間が各店舗の価格を見て回るのは、それだけでも大変な仕事だが、AIなら自動でやってくれる。すでに価格設定を自動化しているショッピングサイトや業者も少なくない。**アメリカではもはや、価格の比較サイトが入り込む余地がないほど価格の最適化が進んでおり、ウォルマートがAmazonを価格追跡して最安値で販売しているのは有名だ。日本もそのような流れになることは間違いない**だろう。

## 「楽しくない」のに選ばれるAmazon

先ほどから述べているように、消費者にとって、買い物の大半はもはや日常生活でも面倒くさい作業の一つだ。私たちの家事が、洗濯機や食器洗い機などの登場でどんどん楽になっていったように、買い物も「楽に済むならそっちのほうがいい」と考える人は増えているのである。

またAmazonは、ＥＣサイトが顧客単価を上げるためには常識となっている「アップセル」や「クロスセル」にも積極的ではない。アップセルとは、より高額な上位商品を買ってもらったり、同じものを複数買ってもらったりするという販売手法。クロスセルとはその商品の関連商品を購入してもらう販売手法だ。商品の紹介ページや購入後のページなどで、レコメンド機能で関連商品をすすめられることなどがそれに該当する。一般的なＥＣサイトでは、この手法が常套手段となっている。

しかしこのアップセルやクロスセルを買い物のプロセスの途中に挟まれると、消費者にとっては買い物のわずらわしさが増えるだけだ。ファミリーレストランで食事だけしたいのに、「ご一緒にドリンクやデザートはいかがですか?」とセールストークをされても、「いらないから聞かないでほしい」と思うのと同じ心理が働くのである。

Amazonでもアップセルやクロスセルに該当する機能はあるが、買い物のプロセスに割り込んですすめてくることはない。ここがAmazonのすごいところで、購入を簡単に、スピーディーにすることを強く意識したサイトになっている。今は視界に入ることはまだあるが、いずれこの機能も省略されて「欲しいものをぴったり当てて勝手に送る」というところまで発展するだろうと考えられる。

## 買うプロセス省略でも残る楽しみは「開封の儀」

これから先、私たちのショッピング体験は、ますます便利になっていく。今はかろうじて残っている、比較する・判断する・決済するなどのプロセスが省略され、最終的には消費者の「モノを買っている」という感覚すら消失するのだ。

今はまだ自分で買い物をしない子どもたちは、大人になったときに、「モノを買う」「消費する」といった概念すらなくなるかもしれない。今の現役世代であれば、どこかに「買い物をしている」という感覚は残るだろうが、それでもショッピングの大半がエンターテインメントでなくなっていくことに変わりはない。先ほども述べた通り、Amazonはすでにその前提で進んでいる。

では、私たちの買い物の楽しみは、ゼロになってしまうのだろうか？

「そんな世界、味気ない」と思われる方もいるかもしれないので、それはあらためて否定しておこう。買い物のわずらわしさが減ることで、人々の生活は、もっと楽しくなる。それは間違いないが、買い物の楽しみが奪われるわけではないのだ。

皆さんが買い物のプロセスで一番楽しいと感じる瞬間は、どのタイミングだろうか？ 商品を選ぶとき？ レジに並ぶとき？ 決済をするとき？ 商品が家に届いたとき？ 多くの人は、「封を開ける瞬間」ではないだろうか？

外で買い物をしてきたときも、ネット通販で商品を買ったときも、封を開ける瞬間はワクワクするはずだ。自分が欲しかった商品の実際の見た目はどうなのか。手に持った感じはどうなのか。中にはどんな付属品が入っているのか。動画サイトで「開封の儀」が人気なのも、その瞬間を共有する楽しさがあるからだと考えられる。

実際、**現在は多くのハイブランドも、「Unboxing（アンボクシング）」＝「届く瞬間、箱を開ける瞬間のユーザー体験」を最も重要視している。**そのため「イケてる箱をどうつくるか」ということが新しいテーマにもなっているのだ。私のもとにも、最近、大手ハイブランドから「オンラインショッピングでのユーザー体験を高める」ことを目的とした相談が増えている。

物質的に豊かな時代は、私たちに「買い物をする楽しさ」を教えてくれた。しかし店に行く途中に渋滞に巻き込まれたり、長いレジの行列に並ばされたり、せっかく行ったのに商品がなかったりと、面倒な思いもたくさんしてきた。そのせいで、「買い物は面倒だ」と感じるようにもなり、買い物の楽しさを忘れてしまっている人も増えてしまった。

先ほど、封を開ける瞬間が一番楽しいのではないかと述べたが、人によっては、店の雰囲気を楽しんでいるという人や、買い物中の家族との会話を楽しんでいる人だっているだろう。**わずらわしい買い物のプロセスを省略していくことで、人々はもともとあった「買い物の本当の楽しさ」に再び気づくことになる**のである。

# 第2章

# ショッピングはどう発展してきたのか

前章では、私たちの買い物がいかに「面倒なプロセス」の連続であるか、そしてそのプロセスを削ることにより始まっているショッピング体験の変化について述べた。本章では、過去のショッピング史と、これから訪れるデジタルシェルフ時代の連続性を捉えるために、戦後の高度経済成長期から今に至るまでの歴史を振り返る。連綿と続いてきた「棚を奪う競争」は、かくも熾烈だったのだ。

# 戦後に伸び続けた百貨店と個人商店

第2次世界大戦後の復興期に店舗数を急速に伸ばしたのは、都市部の百貨店や、地方の個人商店だった。

実は百貨店も個人商店も、戦前から栄えていたものではある。

日本で百貨店が誕生したのは、1904年のこと。三越呉服店が新聞広告に「デパートメントストア宣言」を掲載したことがその始まりといわれ、その後も全国有名呉服店、大手私鉄がこぞって百貨店を開業していった。個人商店はそれよりもっと前。それこそ江戸時代から栄えていた。

そんな百貨店や個人商店が戦後に急成長したのは、日本国内の消費全体が急激に膨らんだことが要因だ。戦後、日本では人口が増え続け、経済的にも豊かな中流家庭が増えた。お客さんの数、そしてお客さんが持っているお金が増え、高度経済成長の時代へと突入するのである。

ところで百貨店といえば、多くの人が高級なイメージを思い浮かべるだろう。今も有名百貨店の店舗には高級ブランドが入っており、そのイメージは間違ってはいない。ただ一方で、百貨店は実は「庶民のもの」でもあったのだ。

百貨店には、衣料から食料品まで何でも揃っている。そのどれもが選りすぐりで、近所の商店には売っていないものが置いてある。そのため、何か特別なものを買いたいときは、庶民も百貨店に足を運んでいた。

たとえ買わずとも、ショーウインドウを見ているだけでも楽しめるし、まだ物珍しいエスカレーターを使って上下階を移動するのも特別な体験だった。最上階にはレストランがあり、屋上には子どもたちの遊び場もある。

もちろん、普段使いをするほど近くにはないし、置いている商品も高価なものが多いが、

**「休日に百貨店に出かける」ということが、家族にとっての「レジャー体験」でもあったの**である。

一方、個人商店は、百貨店よりも小さな商圏で、人々の日頃の暮らしを支えていた。百貨店が「レジャー」だとすれば、商店は「日常生活の一部」だ。一般家庭にまだ冷蔵庫がない時代、その必要性はより高かった。

個人商店には、魚屋・八百屋・米屋・豆腐屋・金物屋など、それぞれ専門の領域があり、それらが集まって、全国各地に商店街を形成していた。商店街のない地域には、今でいうコンビニのように、食料品や日用品を何でも揃えたよろず屋のような小さな商店もあった。

こうした百貨店・個人商店は、その後のバブル期にピークを迎えることになるが、それよりも前に潮目は変わっていた。自動車の普及によって、人々のショッピングは大きく変わり始めていたのだ。

## 自動車の普及で台頭したスーパーマーケット

高度成長期以降に、ショッピングの形を大きく変えたファクターは「自動車」である。日本で自家用車が普及し始めたのは、1960年代のことである。当時の日本は、経済成長率が平均で10％を超えるという、世界でも類を見ないスピードで経済発展を遂げていたのだ。

1962年に首都高速道路が開通、東京オリンピックのあった1964年には東海道新幹線が開業、そして1968年には東名高速道路が開通と、人やモノの移動が劇的に高速化した時代でもある。

1970年代に入ると、労働者の賃金が大きく上昇する。独立行政法人労働政策研究・研修機構によると、1970年に約7万5000円（月間現金給与総額・事業所規模30人以上）だった賃金は、2年後に10万円を超え、76年には20万円を超えたのである。

自動車が爆発的に普及したのはこの時代だ。一般財団法人自動車検査登録情報協会の統計では、1966年に約229万台だった乗用車の保有台数は、72年には1000万台を突破し、79年には2000万台を突破した。まさにこの時期は、「一家に一台」が当たり前となった時代なのである。

モータリゼーションが進んだことで、人々の日常における行動範囲は飛躍的に広がった。これまでバスや電車でしか行けなかったようなところにも、家族で移動できるようになったのだ。しかも時刻表やルートに関係なく、好きな時間に出発して、好きなルートを通って、好きな時間に帰ってこられる。

こうして**人々の移動手段が激変する中で店舗数を増やしたのが、スーパーマーケット、いわゆる「スーパー」**である。

日本でのスーパーの誕生には諸説あるが、1953年に東京・青山の紀ノ国屋がセルフサービス（自分で選んだ商品をレジでまとめて精算する方式）の店舗としてスタートしたのをもって始まりとされることが多い（出典：スーパーマーケット協会沿革など）。

ちなみに、百貨店とスーパーは明確な区別が難しいところだが、販売方式や売っている商品で分けられることが多い。たとえば、スーパーの販売方式はセルフサービス方式で、百貨店のそれは店員が一人ひとりのお客さんを接客する対面販売方式だ。また、スーパーは主に食料品を扱っているが、百貨店は衣食住に関する全般の商品を扱っている。

経済産業省などは、販売商品群の割合や従業員数などで明確に区別しているが、一般消費者としては違いを知らなくても不便はないだろう。言葉を使い分ける必要があったとしても、先ほど挙げたような違いを知っていれば十分だ。

スーパーは、これまでの個人商店を一カ所に集めたような大型の店舗だ。そこに行けば一回の会計で、肉や魚、野菜、果物のほか、調味料やお菓子、日用品など何でも揃うことから、昔は家から数キロ離れていても、自動車で出かけるだけの価値があったのだ。

ただ、スーパーが台頭してきたといっても、当時はまだ商店を直接的に脅かすほどではなかった。やはり住宅地から近い商店は、まだまだなくてはならない存在だった。また、商店はスーパーよりも専門性が高く、スーパーの棚には並ばない商品が置かれている点でも優位だった。そのため、「まとめ買い」は週末に車に乗ってスーパーで。その日に必要な買い物は歩いて近所の商店で」といったように、使い分ける家庭も多かった。

## チェーンストア理論による大型専門店の登場

ここでは、日本におけるチェーンストアの発展についても述べておこう。

アメリカで生まれた「チェーンストア理論」は、統一された外観・ユニフォーム・商品・マニュアルなどを用いて多店舗展開する経営手法のことをいう。経営計画や商品開発など、全体のコントロールは本部が行う。日本でも、このチェーンストア理論は成功を収めている。最近は全国どこに行ってもチェーン店ばかりと言っていいほどだ。

このチェーンストア理論を日本に広めたのは、読売新聞社出身の経営コンサルタント、渥美俊一氏だ。渥美氏は、アメリカから持ち込んだチェーンストア理論を広めるために、1962年に「ペガサスクラブ」という団体を立ち上げた。

この名前をご存じない読者も多いかもしれないが、実は同クラブの初期メンバーの中には、イトーヨーカ堂創業者の伊藤雅俊氏、イオン創業者の岡田卓也氏らがおり、その後の入会者にも、ニトリの似鳥昭雄氏など、日本の小売業を代表する経営者が名を連ねているのだ。
このチェーンストア理論が広がった1980年代、家具や紳士服、おもちゃなどの専門店がロードサイドに次々と現れ、店舗も大型化していった。ユニクロの1号店が誕生したのもこの頃だ。こうした専門店は「カテゴリーキラー」と呼ばれ、特定のカテゴリーの商品を大量に揃え、安く販売することで知名度や売上を伸ばしていった。

そしてバブル期には、専門店を集めたショッピングモールが誕生する。「イオンモール（イオンショッピングセンター）」「ららぽーと」といったショッピングモールの商圏はスーパーよりも大きく、どこも大型駐車場を完備して、多くの家族連れを呼び込んだのである。

ショッピングモールの登場で、商店街から足が遠のく人たちも現れ始めた。**ショッピングモールであれば、買い物と同時に食事をしたり、子どもを遊ばせたりすることもできる。つまり、それまで百貨店が担っていたレジャーの役割も担うようになった**のだ。どこのショッピングモールにも、子どもたちの遊び場があり、週末のイベントが恒例となっている。逆に百貨店の屋上にあった遊び場やイベントスペースの多くは、縮小化、あるいは廃止されてしまった。

また、この頃には、ドラッグストア・100円ショップ・コンビニエンスストアも急速に広がっていった。こうした店舗は個人商店のように小さな商圏で展開し、安さ、あるいは便利さを売りに全国各地で店舗数を増やしていったのである。

## 「ショッピング史」は棚を奪い合う歴史だった

戦後からのショッピング史は、ここまでが一つの区切りとなる。車社会の発展とともに、人々の「買い物の仕方」が劇的に変わったという時代だ。消費者の購買力は右肩上がりで伸び続け、バブル経済が崩壊するまでは、あらゆる業態の店舗が業績を伸ばしていったのだ。

商品を売る店舗は、百貨店・個人商店・スーパー・ショッピングモールというさまざまな形で、人々のニーズに応えてきた。そこでは、店舗間で激しい顧客獲得競争が起こっていたように見える。しかし、この現象をさらに突き詰めていくと、実はもう一つの大きな争いが起こっていたことがわかる。

その争いとは、「棚の奪い合い」だったのだ。

どの店も、売りたい商品はたくさんあるだろう。しかし好きなだけ商品を並べることはできない。売り場には限りがあり、棚が置けるスペースも限られているからだ。さらにいえば、その棚の中にも、よく売れる棚と、売れにくい棚とがある。

大型スーパーや大型専門店の登場により、棚の数は劇的に増えたが、お客さんが一人で見て回れる棚の数も有限だ。お客さんは、必要なものが置いてある棚の前に行き、できるだけ効率的に、自分の目当てのものを探そうとするだろう。

**「有限の棚を、店舗と店舗で奪い合う」――その歴史が、これまでも、そして今もなお続いている**のである。

百貨店とスーパー、スーパーと商店、商店とコンビニ、そして専門店と百貨店。棚の奪い合いはバトルロワイヤルの様相を呈し、それぞれの店舗は生き残るために差別化を図り始めた。そこで勝ち残った店舗もあれば、敗れて業態転換を迫られた店舗もある。

たとえば専門店の登場で、百貨店だけに残った棚（百貨店でなければ手に入らない商品）は、一部のコスメくらいなものだ。ほかの商品は、ほかの店でも買うことができる。今も高級百貨店の1階は、コスメの有名ブランドが店舗を構えている。今の高級百貨店に「らしさ」が残っているフロアは、コスメのフロアだけと言っても過言ではないかもしれない。

メーカー同士の棚の奪い合いも熾烈だ。

たとえばカップ麺であれば、スーパーなどのカップ麺コーナーの中で、棚の奪い合いが繰り広げられているのだ。お客さんから見えやすい位置、商品を取りやすい位置にある棚は「ゴールデンゾーン」と呼ばれ、いわば一等地である。

カップ麺メーカーは、自社商品を他社商品より少しでもいい場所に置いてもらえるように営業をする。スーパーはその見返りに安く商品を仕入れる。そうやって商品の価格が下がっていくことは、消費者にとってもメリットがあった。

## インターネットの普及で棚が「家に来た」

車社会の発展とともに変わった私たちの買い物は、21世紀に入り、新たな段階へと進むことになる。きっかけはインターネットの普及だった。

インターネットが一般層に普及したのは1990年代のことだ。ウインドウズ95が発売されたことによって、それまでパソコンに興味のなかった人たちもパソコンを所有し始め、メールやチャットによるコミュニケーション、ウェブサイトの作成・閲覧を楽しむようになったのだ。

ポータルサイトや新聞社のサイト、企業のサイトが次々に立ち上がる中で、主要EC（Eコマース、電子商取引）サイトも90年代に産声を上げている。Amazonの創業は1995年、楽天市場がスタートしたのは1997年だ。

ECサイトは、「商品棚は店にある」というこれまでの常識を覆した。**ECサイトの登場により、「商品棚は家にある」というところまで消費者に近づいた**のだ。

ECサイトで扱われる商品は年々増え、書籍や日用品、飲料、食料、衣料品など、いまやだいたいのものは買えるようになった。生鮮品や高級品を除いて、「ネットで買えないもの」のほうが珍しいくらいで、「買い物のほとんどをＥＣサイトで済ませている」という人もいるだろう。

日本のＥＣ市場は、平成不況の間も拡大し続けた。

経済産業省によれば、２０１８年の消費者向けＥＣ市場規模は17兆９８４５億円（物販分野は９兆２９９２億円）にまで膨らんでいる。２０１１年時点での市場規模が８兆４５９０億円であるから、この７年間で倍以上に拡大したことになる。また、すべての商取引に対する電子商取引の割合を示す「ＥＣ化率」も

〈図表1：消費者向けEC市場規模とEC化率の推移〉

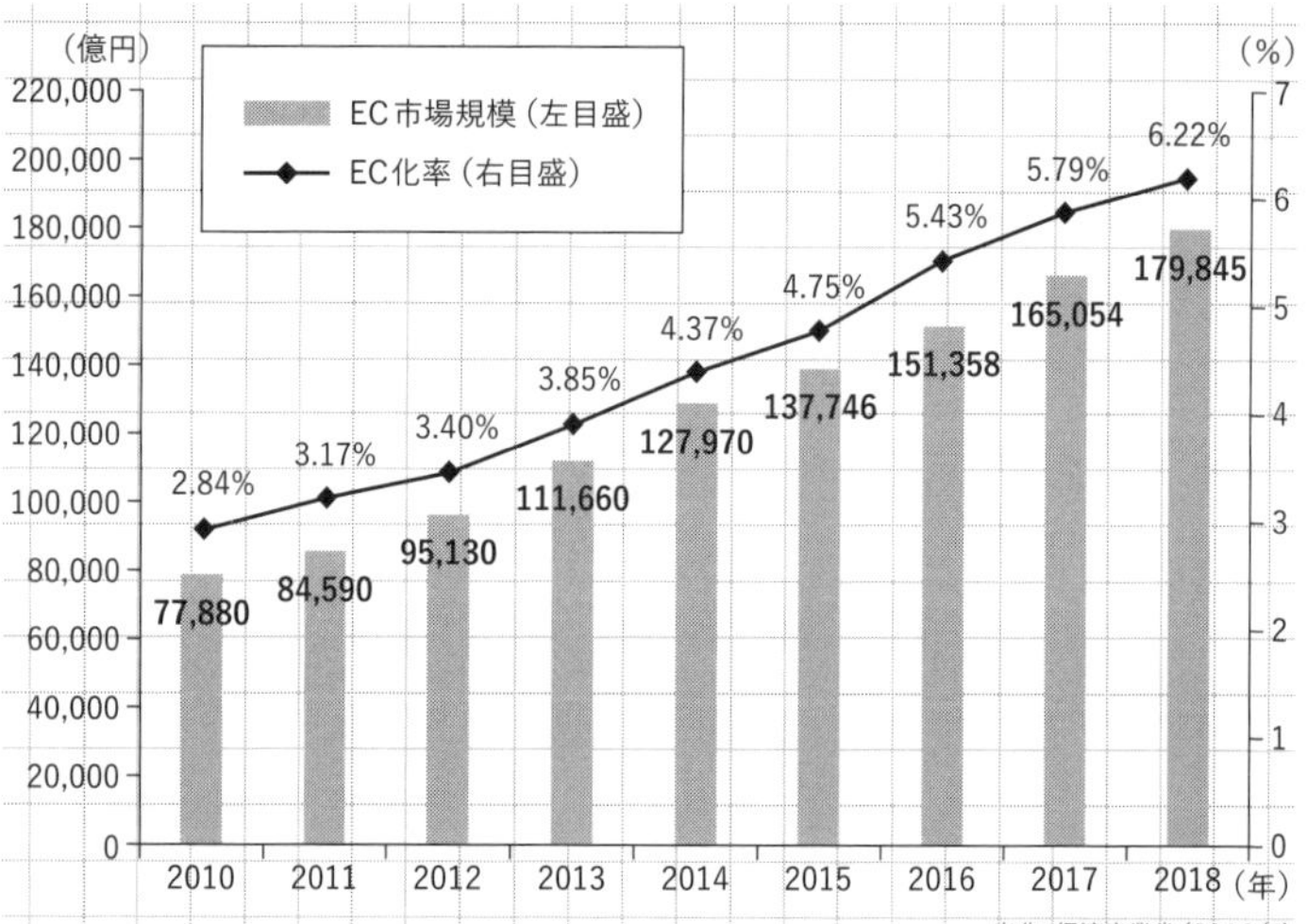


出典：経済産業省（2018年）

年々上がっており、2018年は6・22%（物販分野のみ）となっている。

これはつまり、**20年ほど前に出てきたばかりのECサイトの棚が、リアルの商品棚を奪っていること**を意味する。品目によってもその値は大きく異なり、「事務用品・文房具」に至っては、EC化率が40%を超えている。すでに実店舗の半分近くの棚を、ECサイトが奪っているのだ。

また、アメリカの市場調査会社eMarketerによる調査では、日本のEC化率は7・3%（2017年）と出ている。世界の小売市場のEC化率は約10%であり、アメリカでも11%となっていることから、海外と比べても、日本のEC化率にはまだ伸びる余地があるといえそうだ。

## 現代人の生活スタイルを一変させた「レビュー」

「今日のランチ、どこにしよう？」

「ここのお店のレビューを見たら評判よさそうだから、行ってみない？」

こんなふうに、飲食店選びにネットのレビューを参考にしたことはないだろうか？ あまり他人のレビューを当てにしすぎると、ときにはハズレくじを引いてしまうこともあるが、信用できるサイト・信用できるレビュアーを見つけてうまく活用している人も多い。他人のレビューを見て自分の行動を決めたり、その選択が正しいと信じるための補強材料にしたりすることが増えているのだ。

このレビュー機能は、ＥＣサイトの最も重要な機能の一つである。

ＥＣサイトの主な機能としては、次のものが挙げられる。

・商品を見つけてもらう
・レコメンドする
・決済する
・指定の場所（自宅や職場など）に届ける
・レビューの書き込み・閲覧をする

どの機能もＥＣサイト独自の発展を遂げているが、レビューに関しては実店舗にはない機能だ。というのも、商品をレビューすることが可能なのは店員なのだが、その店員はその商品のネガティブなことを口にしないからだ。

もちろん、商品の悪いところを教えてくれる店員さんもたまにいるが、すべてを正直に話していてはモノが売れず、なかなか商売が成り立たないだろう。

ECサイトのレビューは、いいところも、悪いところも、すべて包み隠さず書かれている。何よりも「正直であること」がその価値である。もちろんそれは専門家のものではないし、的外れのレビューや悪意のあるレビュー、あるいは自作自演の称賛レビューが紛れていることもある。しかし、それなりの数を見ていれば、そのレビューが信用できるかどうかは何となくわかるものだ。

ともあれ、**その商品・サービスが「いいか悪いか」の判断を他人に任せることは、実は私たちの生活様式を一変させてもいる**のだ。先ほどのランチもそうだが、私たちは生活の中で「自分で選択することを減らす」方向にシフトしている。一説には、決断をするたびに私たちの脳は疲れているといわれる。私たちは、本当に大事な決断をするために、そのほかのことはレビューにお任せすることが増えているのかもしれない。

# スマートフォンの普及で棚が「手元に来た」

ショッピングの歴史に話を戻そう。

2009年頃からは、「自動車」「インターネット」に続く、もう一つの大きなショッピングの変革が始まった。「スマートフォン」の登場である。

第1章で、スマートフォンの登場によって、私たちはそれ以前の「ネットにつながる」状態からもう一歩進んで「情報につながる」体験をしていると述べた。実は、このスマートフォンは「商品棚の概念」そのものも大きく変えている。**ネットの普及で、棚はデジタル化して家に来た。しかしそれは、家のどこか決まった場所だった。具体的には、パソコンの置いてある机だ。それが今度は「手元に来た」**のである。

スマートフォンはいつでも手元にある。リビングでくつろぎながら、キッチンで鍋を温めながら、お風呂でお湯に浸かりながら、あまり推奨されてはいないけれどもベッドで横になりながら、四六時中スマートフォンを手にする生活になっている人もいるだろう。家のどこにいても、ネットショッピングができる状態だというわけだ。とりわけ、国内のEC市場においては、楽天市場、Amazon、Yahoo!ショッピングといったECプラットフォームがアプリを中心に顧客を取り込み、存在感を高めている。

家の中だけではない。手元にあるということは、自分で「棚を持ち出せる」ということでもある。通勤・通学中、勉強や仕事の合間、そしてリアル店舗にいるときでさえ、デジタル上の棚をいつでも呼び出すことができる。

これは、インターネットの登場前は想像もできなかったことだろう。商品棚は「拡大する」ことで進化を終わらせたの

〈図表2：国内主要ECプラットフォームの利用状況〉

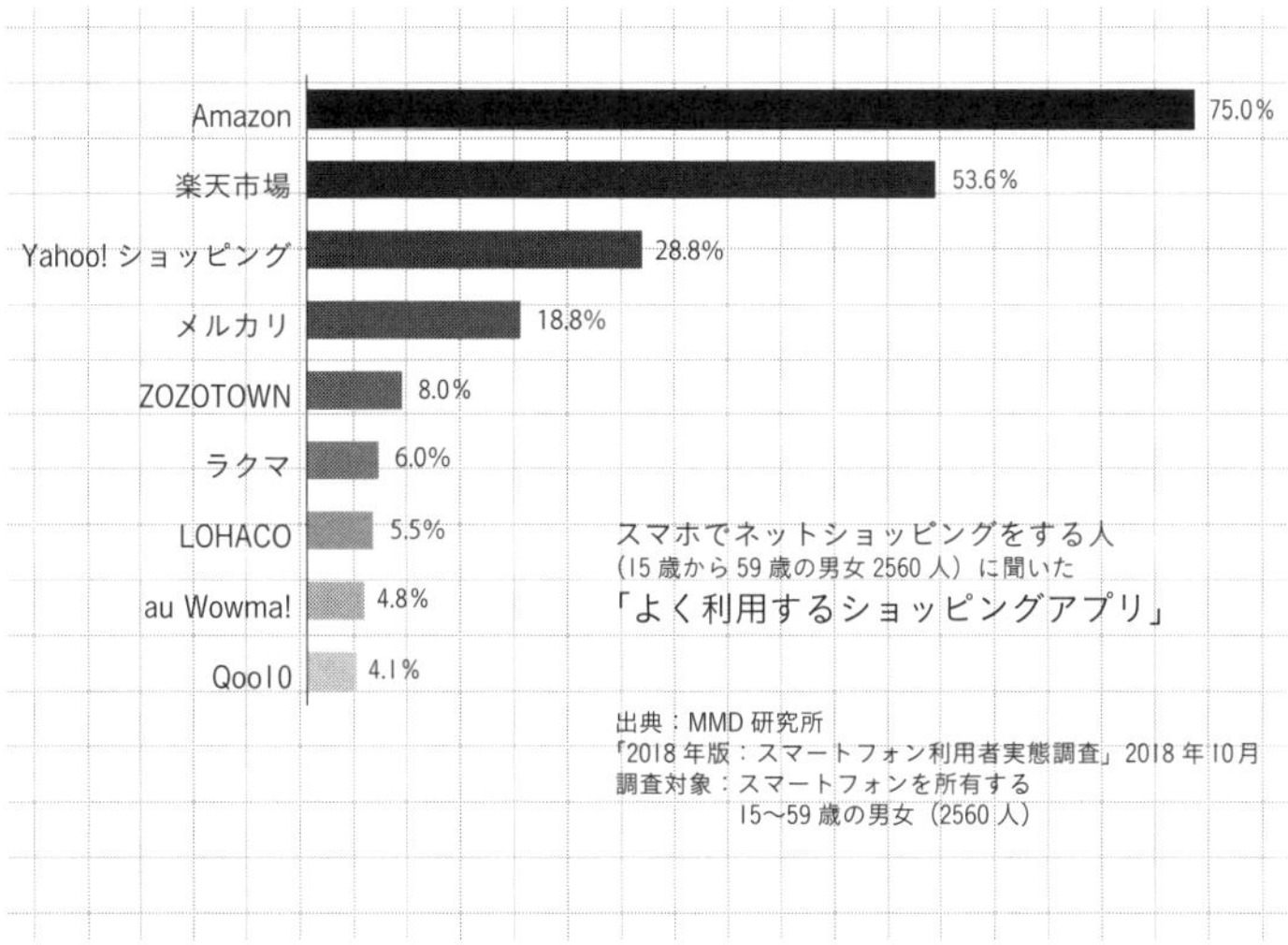

出典：MMD研究所
「2018年版：スマートフォン利用者実態調査」2018年10月
調査対象：スマートフォンを所有する
15〜59歳の男女（2560人）

かと思いきや、「消費者に近づいていく」という次なる進化があったのだ。

スマートフォンのＥＣ市場も年々大きくなっている。

経済産業省によると、２０１８年の物販の消費者向けＥＣ市場規模は９兆２９９２億円だったが、そのうちの約39％、３兆６５５２億円がスマートフォン経由だった。２０１５年のスマートフォン経由の市場規模が１兆９８６２億円だったことから、たった３年で倍近く伸びたことになる。

いかに私たちが、手元のスマートフォンから注文しているかを物語る数字である。

## 若者は「ググらない」

スマートフォンは、若年層にも普及している。

今どきの高校生はほとんど持っていると言っていい。内閣府の２０１７年の調査では、所有率はなんと95・９％だ。自分の高校時代を振り返ると、これほどまでに「みんなが持っている」ものはなかなか思いつかない。家庭用ゲーム機やウォークマンですら、そこまでは

〈図表3：スマートフォン経由のEC市場規模の推移〉

出典：経済産業省（2018年）

〈図表4：青少年のスマートフォン・携帯電話の所有状況（複数回答）〉

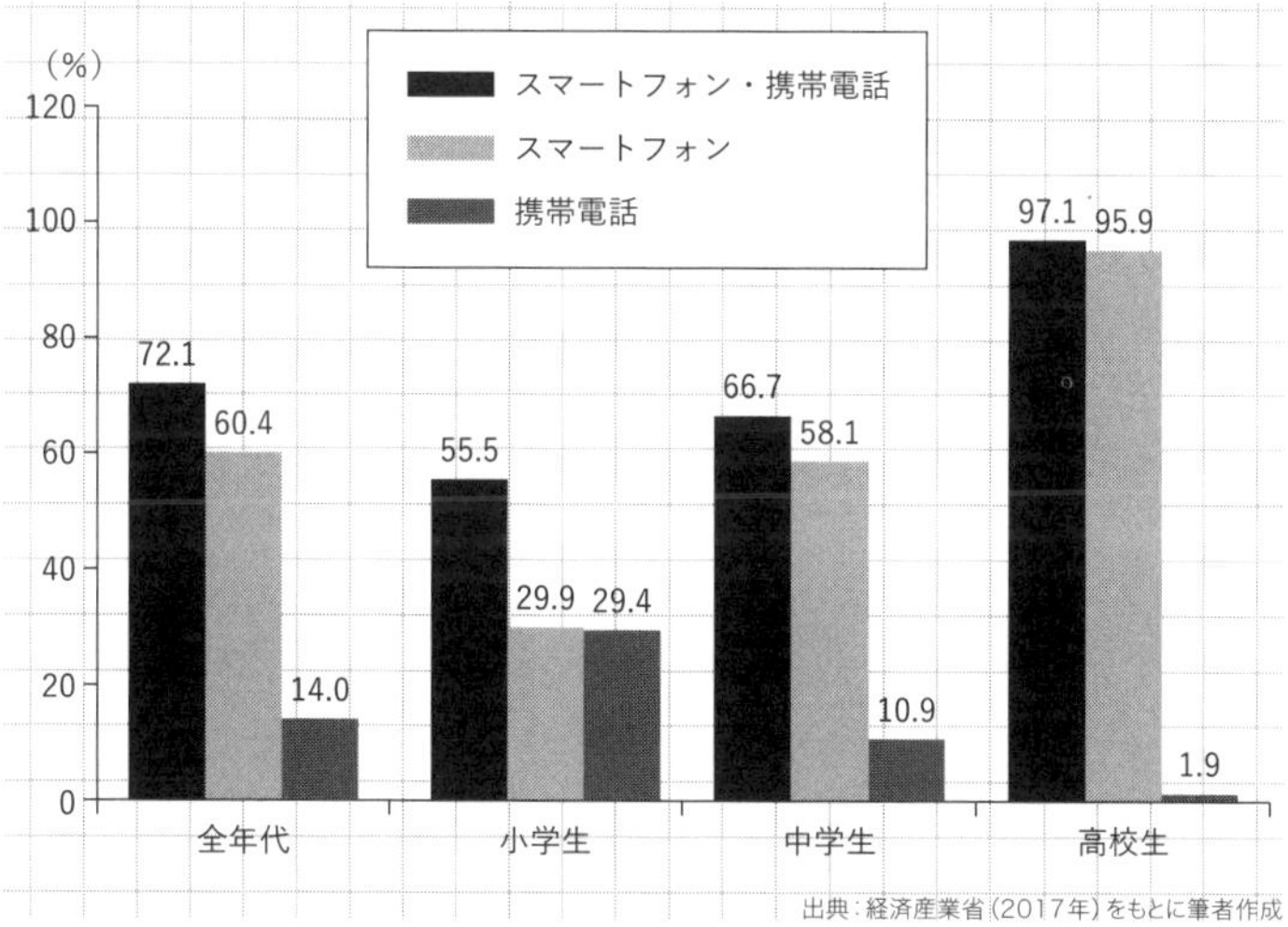


出典：経済産業省（2017年）をもとに筆者作成

なかったのではないだろうか。小学生でさえ、スマートフォンの所有率は29・9%もある。

こうなると、旧世代とはまったく異なる常識や価値観を持った世代がこれから現れるということは、想像に難くない。

買い物の仕方にも、間違いなくその影響は現れる。

デジタルネイティブと呼ばれる現在の20代の人たちの中には、何かを探すときにグーグルで検索しない、つまり「ググらない」という人も多いのだという。

ネットで探すときは「ググる」が当たり前となっている人たちからすれば、「じゃあどうやって探すんだ……?」と疑問に思えるところだ。

実は今の若い世代は、インターネットブラウザから探すのではなく、スマートフォンのアプリから探しているのである。

たとえば服を探すのであれば、ZOZOTOWNの専用アプリを立ち上げてアプリ内で目当てのものを探す。中古品で安いものを探すのであれば、メルカリの専用アプリを立ち上げて同様に探す。

彼らにとっては、「アプリから入らないとわかりにくい」という事情もある。ググってたくさん検索が引っかかっても、情報が多すぎてわからない。取捨が面倒くさいのだ。専用アプリ内であれば、安全性も高い。ググって検索して、怪しいサイトに飛ばされてしまうようなこともない。

こうして若い世代の人たちは、私たち旧世代が当たり前にやってきたことを省略し、時間を圧縮している。買い物以外でも、たとえば最新の情報をチェックしたいのであれば、ググるのではなくTwitterで検索している。そのほうが目当ての情報、最新の生の情報を見つけやすいのだ。そうして空いた時間を、InstagramやYouTubeなど、自分の好きなSNSを視聴する時間に換えている。

重要なのは、**これからはこの「ググらない世代」が購買力を持つようになる**ということなのだ。今の10代が働き始める頃には、少なくとも買い物では、「ググる」はもはや死語になっているかもしれない。

## 大企業もマス戦略から「スモールマス戦略」へ

大企業はこれまで、1000億円規模、あるいはそれ以上の大きな規模の市場をつくり、攻めてきた。いや、むしろそれより小さな市場は「うちが相手にする価値もない」と考える向きもある。

しかし個人が小売りにもなりメーカーにもなり、顧客の嗜好が目まぐるしく変わる時代に、そのような大ロットでのビジネスは、もはや厳しすぎて勝負できない時代である。そんな中、これまでわれわれにモノやサービスを売ってきた企業は、どのように生き残っていくのか。

一つの流れとして「スモールマス戦略」が定番化していくだろう。1000億円規模の市場をつくる場合、一つの商品・ビジネスでそれを目指すのではなく、100億円の市場を10個つくるのだ。今の時点では、大企業にとって100億円市場はまだ魅力的ではないだろうが、1000億円市場を目指してもお客さんがついてこなければ意味はない。設備投資や人材確保に費やした資金を回収できずに大きな痛手を負うことになるかもしれない。

〈図表5：企業のマーケティング手法が大きく変わる〉

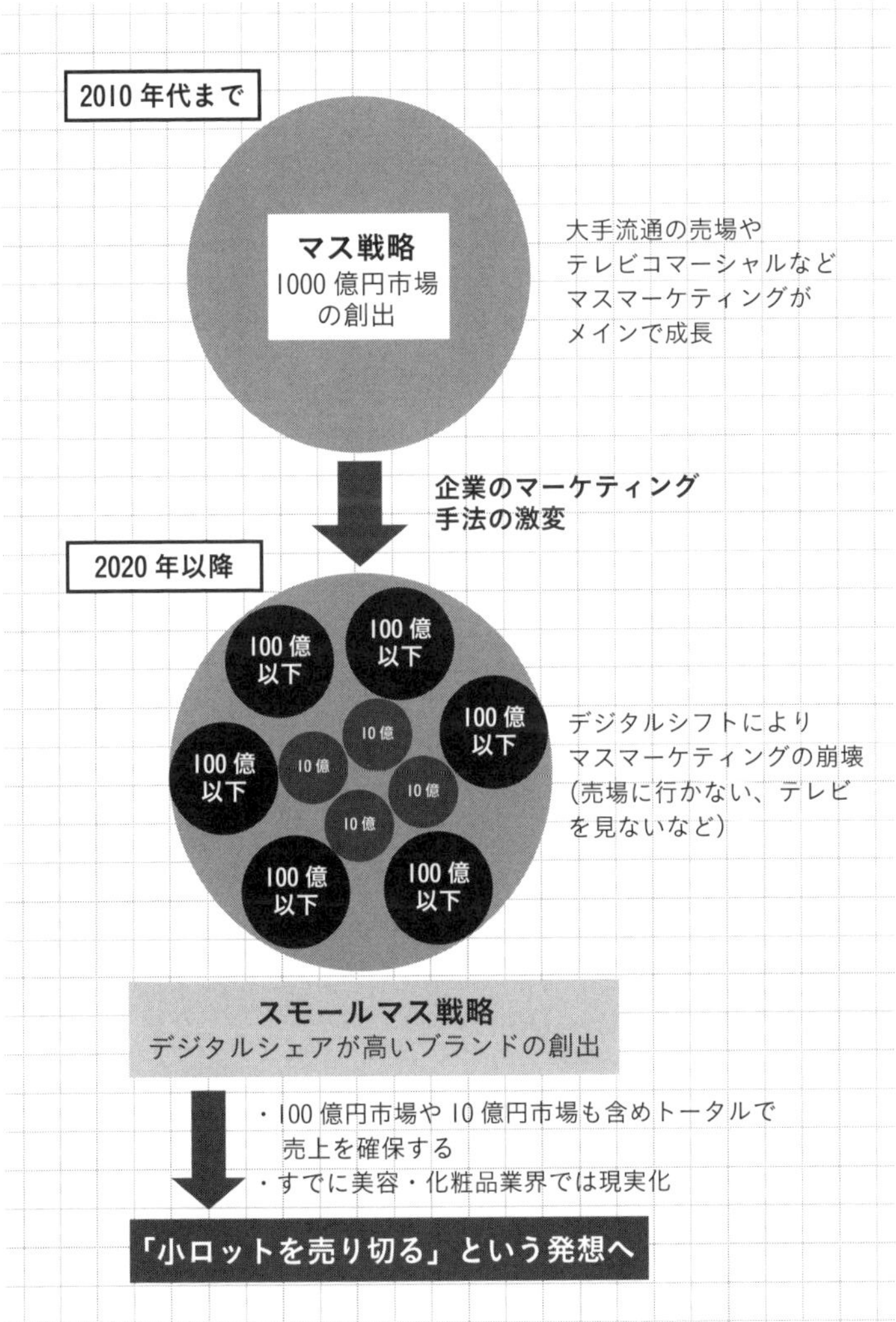

実際のところ、これは未来予測ではなく、**すでに美容・化粧品業界は、このスモールマス戦略を進めている。大企業が勝てない状況が続いているから**だ。

あえて100億円を超える市場をつくらず、100億円市場を10個つくることを目指す。大企業のスモールマス戦略は今後さらに進み、10億円市場を100個、1億円市場を1000個といった形で、トータルでは1000億円の市場を確保しようとするだろう。「小ロットを売り切る」という発想でないと、大手でも生き残れない時代になるのだ。

## プライベートブランドが席巻するカラクリ

商品が実店舗の棚からECサイトの棚に移行する中で、実店舗内におけるリアル棚の獲得競争も熾烈になっている。ここ数年、リアル棚を席巻しているのは、スーパーやコンビニの棚に並ぶ、いわゆる「PB商品」だ。

PBとはプライベートブランド（Private Brand）の略で、スーパーやコンビニなどの小売店が持つ独自ブランドを指す。小売店が独自に企画して販売することから、メーカー品を仕入れるよりもコストを低く抑えられるメリットがある。
セブンイレブンの「セブンプレミアム」、ファミリーマートの「FamilyMart Collection」、ローソンの「ローソンセレクト」、イオンの「トップバリュ」、西友の「みなさまのお墨付き」、日本生活協同組合連合会の「CO・OP」など、皆さんも買い物をしているときに必ず目にしているはずだ。

PB商品は、出始めの頃こそ、「PB商品はNB商品（ナショナルブランド＝メーカーブランドの商品）よりも品質が低いのでは？」という疑いの目が向けられていたが、最近は消費者にも安さと品質が受け入れられており、**確実にリアル棚を奪っている。実際、PB商品が最もいい棚に大量に置かれることは珍しくなくなってきている**のだ。

最近では、「セブンプレミアムは知っているけど○○食品工業や△△パンは知らない」という子どももいるという。確かに、従来の棚の状況を知らずに今の棚を見せられたら、そういった認識になることもあるのかもしれない。これは欧米でも同様で、どの小売業もPB商品の開発に最も力を入れている。

それだけ、メーカーは急速に棚を奪われてしまっているということだ。メーカーと小売業者間で棚をめぐる綱引きがあり、劣勢のメーカー品は隅に追いやられてしまった。
しかし、メーカーも黙ってはいなかった。

## 棚を奪われたメーカーの「DtoC」という反撃

企業が消費者に商品を売るビジネス形態を、「B to C（Business to Consumer）」という。消費者に直接販売するスーパーなどの小売業は、このB to Cに当てはまる。

小売業者がPB商品によりB to Cビジネスを加速させていくことで、棚を奪われたメーカーは苦境に立たされることとなった。商品力と価格競争力のある大手メーカーはまだ勝負できるが、小さなメーカーはひとたまりもない。

そこでメーカー側は、小売業者から棚を奪い返すべく、新たな戦略を展開し始めた。

それが、「**D to C（Direct to Consumer）**」である。

**D to Cとは、メーカーが商品を小売業者に卸すのではなく、直接、消費者に販売するという方式**を指している。

「メーカーは店舗を持たないのに、どうやって販売をするんだ？」

そう思われるかもしれないが、先ほどのECサイトを思い出してほしい。ECサイトは、メーカーが独自に運営することも可能なのだ。あるいは、Amazonや楽天など、既存のECサイトから出品することもできる。DtoCという選択により、メーカーは自由度の高い販売戦略が可能になった。このDtoCは、小さなメーカーでも、それこそ起業したばかりの企業でも、自社商品を人気商品に育てることが可能なのだ。

実際、小さなメーカーがヒットを出した事例も少なくない。

たとえば小さな水産加工場や農場、牧場が、自分たち独自で商品を開発し、それを自分たちで販売しているケースは少なくない。大手メーカーは確保しやすい原料から大量に商品をつくるが、小さなメーカーは量こそ少ないが本当においしいものを選んで、小ロットからつくることができる。それをスーパーなどに出せば価格競争力で負けてしまうが、その価値を認めてくれる消費者がいれば、ECサイトでも十分に勝負になるのである。

食品業界だけではない。EC発の人気ヘアケアブランド「BOTANIST（ボタニスト）」は、最高級シリーズでは1本4980円という高価なシャンプーながら、一人ひとりに合わせたパーソナライズシャンプーとして大人気だ。またアメリカでは、ファッション誌に勤務していたエミリー・ワイズ氏という女性が、ブログでユーザーの意見を取り入れながら理想のコスメを開発し、「Glossier（グロッシアー）」というブランドを立ち上げて人気を博している。

それらの共通点は、「**SNSを活用しながらネットユーザーを巻き込んでいる**」という点である。今の消費者は、広告よりも口コミで広がっているものに飛びつきやすい。いったん人気を獲得すれば、今度は小売店もその商品を置きたがる。ネットでシェアを獲得したメーカーが、実店舗の棚も獲得するという逆転現象も起こっているのだ。

市場を的確に分析し、SNSでファンを獲得すれば、大手でなくても十分に戦える。こうした事例はそのことを示した。

特に、デジタルを駆使したパーソナライゼーションは、同じものを大量につくってきた大手企業はなかなか手を出しにくいジャンルだ。個人の自由が尊重されるこの時代、メーカーが棚を奪い返すためのキーワードになるかもしれない。

〈図表6：従来の販売方法とDtoCの違い〉

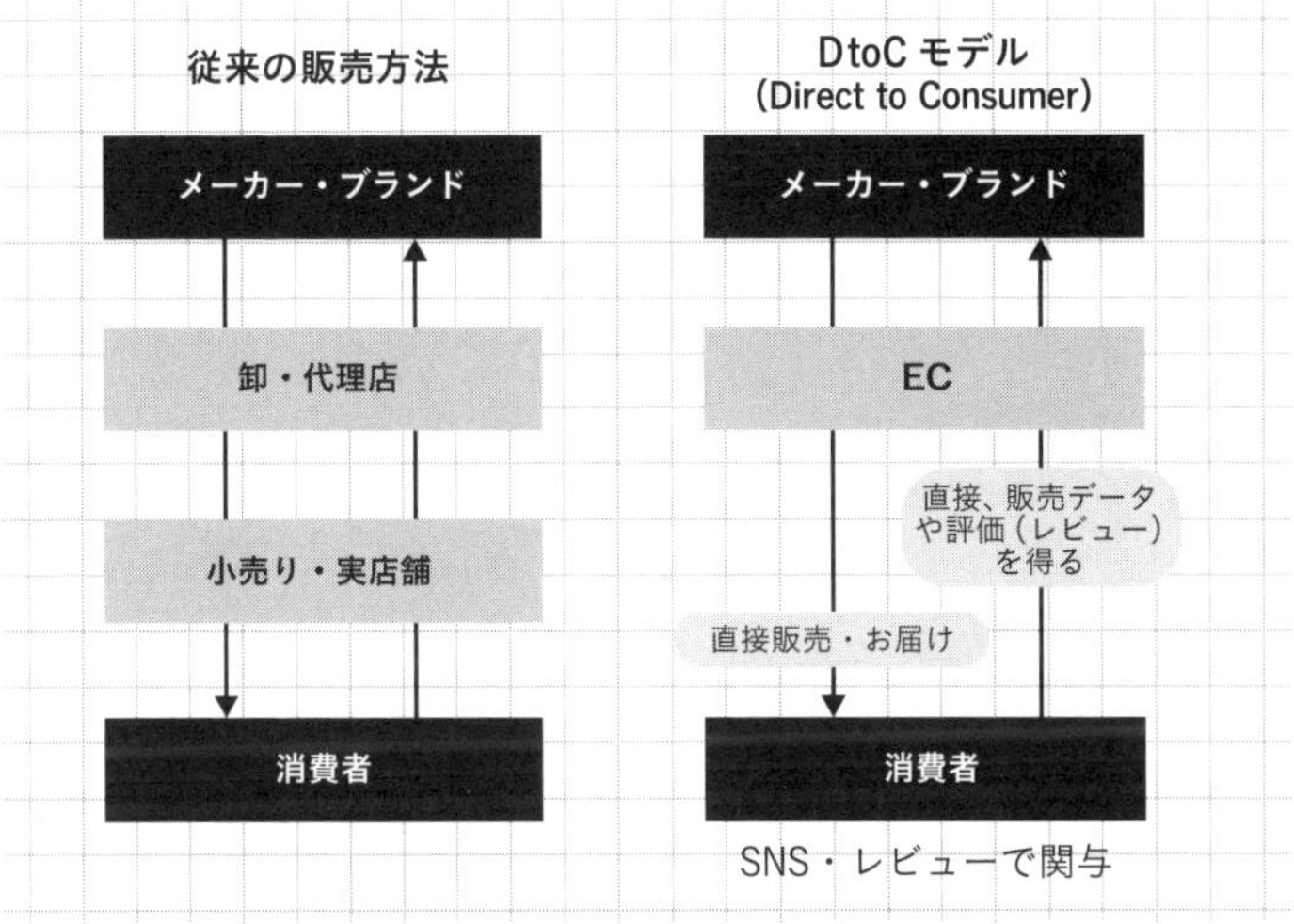


〈図表7：アメリカで加速しているECシフト〉

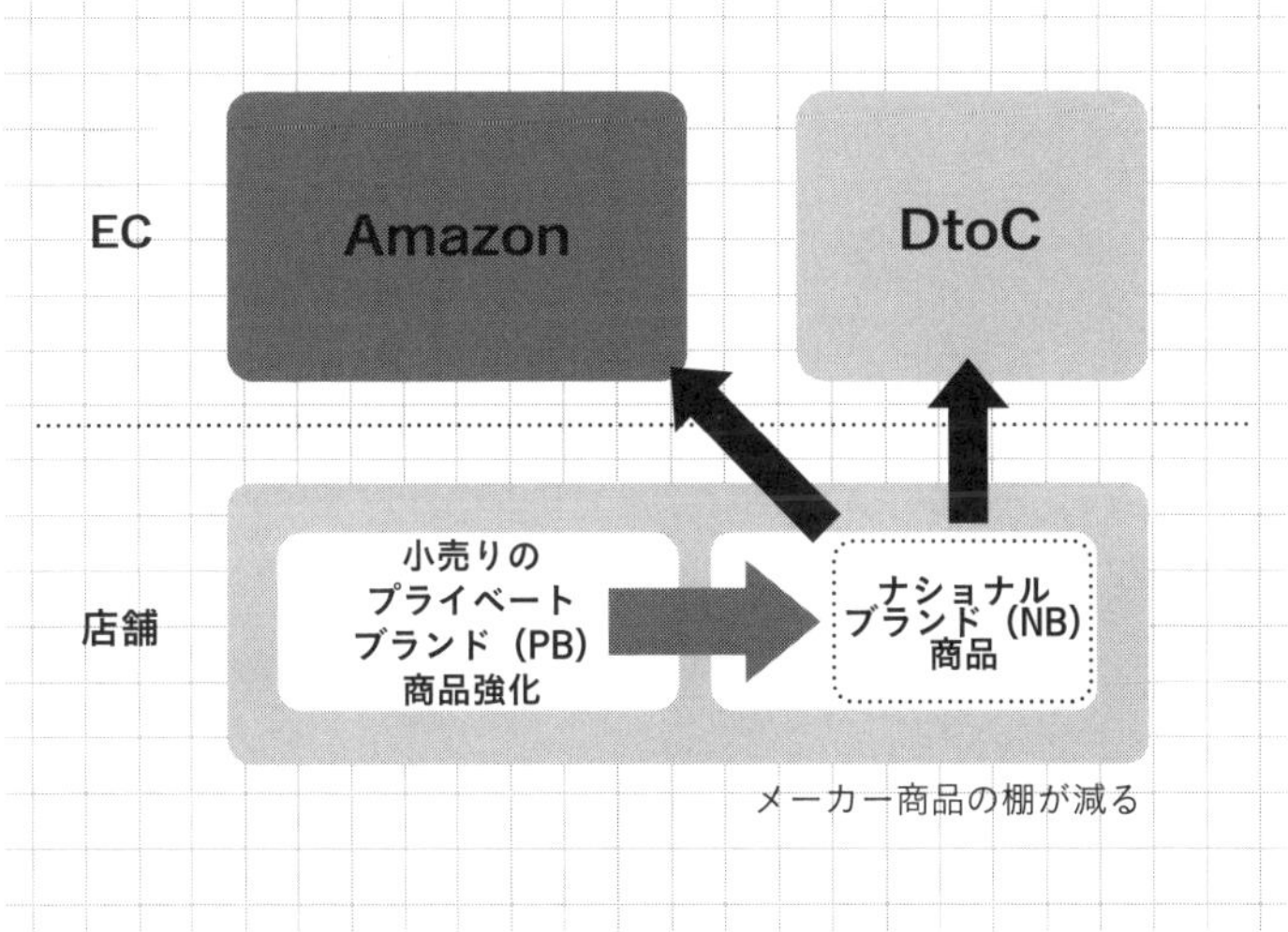

第 3 章

# リーディングカンパニーたちが目指すもの

自動車社会の発達で店舗の商品棚は爆発的に増え、インターネット時代の幕開けで、その棚はデジタルに移り始めた。そして今、棚の獲得競争は一段落し、それに代わる「時間の獲得競争」が始まっている。大きくうねる時代の荒波に、リーディングカンパニーはどのように対応しているのか。そして私たちの買い物はどう変わるのか？

# 物流コスト上昇で見え始めたＥＣの限界

時代の最先端を行くように思えるＥＣだが、実はその限界も見え始めている。

ＥＣ業者にとって、長年の大きな悩みとなっているのが「物流コスト」だ。

物流コストは世界的にも上昇傾向にあり、これまで「配送無料」を標準サービスとしていた日本のＥＣ業者も、大きな転換を迫られている。一説によると、1個の荷物を送るのに実際には５００円ほどのコストがかかっているそうだが、それが近い将来、3倍の１５００円ほどに上がるのではないかという予測もあるのだ。３０００円の商品に１５００円の配送費をかけては、もちろん利益は出ない。

「配送無料」といっても、実際にその送料を負担しているのは、ＥＣサイトやそこに出店する業者、あるいは値下げに対応する配送業者だ。**このコストがさらに上がるとなれば、配送無料の維持は難しい。すでに物流コストの圧縮も限界に達している**からだ。

多くの方はすでにご存じだと思われるが、近年、ＥＣサイトと運送会社との間では、配送の負担を巡ってたびたび摩擦も生じていた。

２０１３年には、佐川急便がAmazonとの契約を打ち切ったことが大きなニュースとなった。佐川急便が配送料の値上げを求めたのに対し、Amazonは値下げを要求したのだ。増え続ける同社の注文に、配送の現場も疲弊し始めていた。佐川急便にとっては大口顧客でもあったが、もちろん彼らだけが顧客というわけではない。配送事業をトータルで見た結果、契約を打ち切らざるを得なかったのだ。

代わりに仕事を請け負ったヤマト運輸も、彼らの要求に応え続けることはできなかった。佐川急便から引き継いだあとは、Amazonの配送システムをヤマトが維持していたが、２０１７年にはAmazonの当日配送から撤退している。

大手の運送会社と折り合いがつかなかったことで、「Amazonの時代も終焉してしまうのか」と思われたが、同社の次の一手は早かった。彼らはまず、全品配送無料を廃止し、「Amazonプライム」の会員に限り、同社が発送する商品については配送無料とした。

ただしこのAmazonプライムは、動画配信サービスや音楽配信サービスなどもセットとなったもので、料金も年額で４９００円と安価だ。これだけで物流コストを回収できるはずがない。

実は同社の取った手段はこれだけではなかった。彼らは大手配送業者に頼らない、独自の配送システムを構築していたのだ。

最近、Amazonで注文をすると、配送業者が「こんにちは、Amazonです」と名乗るようになった。彼らはAmazonから直接依頼を受けている中小配送業者（デリバリープロバイダ）や、その業者から注文を受けた個人事業主だ。また、２０１９年4月からは個人の配送事業主が直接同社と契約をする「Amazon FLEX」が日本でもスタートしている。

こうした動きはAmazonだけではない。楽天も独自の配送システムの構築を進めており、自社配送エリアを段階的に拡大しているところなのだ。２０２１年には楽天市場の半分の物流を自社でまかなうとしている。また２０２０年には、各店舗で３９８０円以上の買い物をした場合の送料を無料化するという。

物流コスト上昇という大きな課題に直面したECサイトは、こうして独自の物流システムを構築し始めたが、これができるのは大きな資本を持つ巨大ECサイトだけだ。ちょっと名の知れている程度のECサイトが真似できることではない。

**おそらく今後、独自の物流システムを持たないECサイトは、コンビニエンスストアや配送センターでの受け取りが標準となる**だろう。物流コストの上昇に対応するには、それが一番手っ取り早い。あるいは楽天のように、「○○○○円以上なら無料」といった条件をつけたり、配送エリアを限定したりして、配送無料を維持するという方法も考えられるだろう。

## 「便利さ」に飽き始めた消費者が求めるもの

ECサイトのこれまでの価値は、「便利さ」にほかならない。そこに行けば欲しいものがある。買ったものを家まで届けてくれる。先ほどの配送無料も、こうした便利さの一つだろう。

しかし最近の消費者は、便利であることに慣れてしまっている。便利さは、ECの価値ではなくなっているのだ。もちろん、便利であることが絶対条件ではあるが、それはもはや空気のように当たり前の存在で、他社と差別化できるポイントにはなっていない。

今の消費者が便利さの代わりに求めているものは「時間」なのである。少しでもストレスのかかる時間を減らして、快適な時間、楽しい時間をもっと増やしたい。今はそれを生活の優先順位としている人がとても増えている。

前章で「若い世代はググらない」と述べたが、これも検索することで発生する「余計な時間」を圧縮したいからだ。検索すれば膨大な情報を集められるが、その取捨には時間と労力がかかる。若い人たちがググらなくなった結果、最近はグーグルの検索数も減っているという。

つまり、**検索エンジンの膨大な情報から知りたい情報を見つけるのではなく、自分にマッチした情報が絞られて出てくるアプリやSNSからさまざまな情報を得る時代にシフトしている**のだ。そうした変化に気づいていない企業は、そのうち淘汰されてしまうだろう。

# 食品会社がいまや安全より重視するのも「時間」

消費者のニーズが、「便利さ」から「時間」へと変わっているのは、何もECサイトだけの話ではない。これから世の中のありとあらゆる商品は、「消費者の時間をつくること」が最優先となるだろう。

「安全」や「おいしさ」が最も大事であるはずの食品会社も例外ではない。これも先ほどのECサイトの便利さと同様、すでに当たり前のものとなっている。今の時代、たいていどこのメーカーの商品もおいしいし、厳しい安全基準の中で製造している。

そこで**近年、食品会社が新たにテーマとしているのが、先ほども述べた「消費者の時間をつくる」ということ、いわば「時間ソリューション」**である。

たとえば今、スーパーや鮮魚店で生の魚を一匹丸ごと買う人は減っている。現代人は仕事や育児で忙しく、魚をさばく時間、調理する時間がないからだ。

代わりに売れているのは、カット済み、調理済みの商品だ。こうした商品は「簡便商品」

「時短商品」などと呼ばれ、家でグリルやフライパンで焼くだけ、あるいはレンジで温めるだけで食卓に並べることができる。とりわけ都会では、レンジでチンするだけの「レンチン商品」の需要が高まっている。

コンビニエンスストアの店内で、このところ冷凍食品が増えていることに気づいている人もいるだろう。実は近年、おいしさや鮮度を保つ急速冷凍技術が向上していることもあり、おいしい冷凍食品が昔よりも増えている。そこに、料理の時間を減らしたい消費者のニーズが高まったことも相まって、コンビニ各社は冷凍食品のラインナップを充実させているのだ。

OISIX（おいしっくす）や生活協同組合（生協）も冷凍食品に力を入れている。また、カットされた肉や野菜などの食材をセットにしたミールキットの販売にも積極的だが、これも家では火を通すだけという簡便商品だ。ミールキットがあれば、食材選びやカットする時間が省略される。また、余った食材をどう使うかといったこともあまり考えなくていい。

こうした商品が、「レンジで温めるよりも実際に火を通したものを食べたい」「でも料理の時間を短くしたい」「もっと家族との時間を増やしたい」といった人たちの好評を得ているのだ。

今後は、こうした簡便商品や冷凍食品の需要がさらに伸びることが予想される。すでにアメリカでは、いかに食事の準備や片づけにかかる時間を減らせるか、そして家族に楽しい時間を提供できるかという「時間ソリューション」の競争が始まっている。

世界的な大手食品メーカーは今、デジタル投資を加速させているが、その主な分野はAIの開発である。たとえば、消費者のウェブサイトでの行動履歴や食事のパターン傾向などを読み取り、好みの献立・メニューを自動で推薦できることを目指している。これによって、主婦が頭を悩ませる「献立を考える時間」を削減することができる。共働き世帯、一人暮らし世帯の増えている日本でも、食品会社各社が時間ソリューションで競争を始めることは間違いない。

そして、**この「時間ソリューション」は、食だけではなく、衣食住のすべてに波及するだろう。**

## 棚の獲得競争からスマホの「時間獲得競争」へ

自由な時間をもっと増やしたいと考えて行動する消費者だが、果たして現代人が自由に使える時間は増えているのだろうか、それとも減っているのだろうか？

昔の人たちは、炊事・洗濯にも時間がかかっていた。それが私の親世代にはもう、ボタンを一つ押すだけ、全自動でできるようになった。飛行機・新幹線・自動車を使って、移動時間も大幅に短縮された。そして近年はスマートフォンのおかげで、調べものに時間がかからなくなったし、友達ともすぐ連絡が取れるようになった。

このように、文明が進歩するほど、私たちの「可処分時間」は増えているはずだ。

しかし、体感としてはどうだろうか？

「年を追うごとにどんどん忙しくなっている」

「いつになったら自由時間がつくれるんだ」

便利になればなるほど、なぜか私たちは忙しくなっている。

その原因は、「情報」なのである。

インターネット社会になってから、私たちが日々取得する情報量は爆発的に増えた。われわれは朝起きてから夜寝るまで、ネットでニュースを見たり、SNSをチェックしたり、仕事のメールに返信したりと、ほとんどの時間、情報とつながっている。いつ誰からメッセージや着信が来るかもわからない。何もしていないはずの待機時間すら、情報とつながっているのだ。

この情報と私たちをつないでいるのは、先にも述べたように、スマートフォンである。スマートフォンの登場で、私たちはインターネットではなく、情報につながるようになった。皮肉な話だが、**便利なアプリが増えれば増えるほど、私たちが新たに確保した可処分時間は、スマートフォンに奪われる形となっている**のである。

いまやスマートフォンは、人々の時間を手中に収める「王様」である。多くの企業は、この王様の機嫌を損ねるわけにはいかない。
では、王様のご機嫌取りのために、企業がすることは何か？
それは、「消費者の可処分時間をさらに増やすこと」である。

消費者は、無駄な時間をとにかく減らしたい。そして、自由な時間を増やしたい。その時間は結局スマートフォンに吸収されることになるのだが、それがわかっていても、より効率的な商品やサービスを求める。自分で下す判断を少しでも減らしてくれるもの、プロセスを省略してくれるものに惹かれていくのだ。

現に家電は、ロボット掃除機や食器洗い乾燥機など、時短関連のものがよく売れている。
さらに、一見すると時短とはあまり関係のなさそうな日用品まで、時短に関連するものがよく売れている。たとえば寝ぐせがつかないシャンプー、シュッとひと吹きで汚れが落ちる洗剤などがそれに当てはまる。

日経ＭＪが年に2回発表している「ヒット商品番付」などを参照すると、**いまやメーカーが出しているヒット商品の7割から8割は、時短に関連しているほど**なのである。

# 無人コンビニが「世界標準」になる時代

時短の価値が高まることにより、店舗の形も大きく変わろうとしている。無人店舗は、時短を優先する上で究極の形といえるかもしれない。

Amazonが2018年4月にアメリカ・シアトルで1号店をオープンさせた無人コンビニ「Amazon Go」はその代表例だ。このニュースは日本でも大々的に取り上げられたので、知っている人も多いだろう。

Amazon Goで買い物をするユーザーは、入店時にスマホでAmazon Goのアプリを開いてQRコードを表示させ、それをAmazon Goの店舗入り口のゲートに読み込ませる。あとは目当てのモノを手に取り、そのまま手で持っていてもいいし、バッグなどに入れてもいい。棚から商品を取る動作をセンサーが感知しており、それだけでバーチャル上のカートに商品が入った状態になる。また、商品を棚に戻せば、自動でキャンセルになる。

最終的には、商品を持ったままゲートから退店すれば、それと同時に決済もされるという仕組みだ。店内にレジはない。
　このAmazon Goは、買い物プロセスでも時間のかかる「レジに並ぶ」「決済をする」というプロセスを省略して消費者の時短に貢献している。とりわけ「レジに並ぶ」という行為は、消費者が買い物中に感じるストレスの中でも常にランキング上位に来るものなのだ。これがなくなるだけでも、「Amazon Goを利用したい」と思う人は多いだろう。
　Amazon Goは、シアトルのほか、サンフランシスコ、ニューヨーク、シカゴにも店舗を構えており、2021年までに3000店舗を展開するという計画だという。

サンフランシスコにあるAmazon Goの店舗

写真：iStock

近年、ＩＴ分野の進歩が目覚ましい中国では、無人店舗の拡大がよりスピーディーに進んでいる。その牽引役となっている「Bingo Box（ビンゴボックス）」は、Amazonよりも早い２０１６年8月に1号店をオープンさせ、そこからわずか半年間で３００店舗という驚異的なペースで出店し、世界を驚かせた。

日本でも、ファミリーマートがパナソニックと共同で無人店舗の実証実験を行うなどしているが、実際の店舗が無人化されるにはもう少し時間がかかりそうだ。

しかし「すぐ受け取りたい」「買い物の時間を減らしたい」という消費者ニーズが高まっていることを考えれば、**こうした購入頻度の高い日用品や食品を売る店舗は、やがて無人化されることになる**だろう。

## ウォルマートで車から降りずに買い物ができる

スーパーマーケットも時短の時代だ。今アメリカでは、「カーブサイド・ピックアップ」と呼ばれるサービスが、急速に広がっているのだ。

カーブサイド・ピックアップとは、インターネットで注文した商品を店舗で受け取るというもの。これまで買い物客がスーパーで買い物をする際には、目当ての商品を見つけるために広い店内を歩き回らなければならなかったが、カーブサイド・ピックアップではその必要はない。商品探しは店舗スタッフが行ってくれる。

具体的には、買い物客は車でスーパーまで行き、ピックアップ専用の駐車場に車を停めて、商品を受け取るだけ。その際に、車から降りる必要もない。店舗スタッフが商品をトランクに積んでくれるからだ。感覚としてはドライブスルーに近いかもしれない。

アメリカの大手スーパーマーケットは、このカーブサイド・ピックアップの導入に積極的だ。米小売業最大手のウォルマートは、２０１９年中にも３１００店舗で食料品のピックアップサービスを展開するという。競合のクローガー、ターゲット、ホールフーズも、ピックアップ店舗の拡大を進めており、アメリカの人々にとってはピックアップという買い物文化がとても身近なものになりつつあるのだ。

大規模なスーパーでは、買い物に20分から30分、あるいはそれ以上かかることも珍しくない。店舗が大きいほど店内を回るのに時間がかかるし、レジが混んでいればストレスも高まってしまう。

一方、カーブサイド・ピックアップなら、前日夜や昼休みにネットで注文を済ませておけば、買い物にかかる時間が丸ごと短縮される。スーパーでの買い物の時間は、夕食前など忙しい時間帯であることが多いので、その時間が短縮され、ストレスも軽減されるメリットは大きいだろう。

## 中国のラッキンコーヒーがスタバを超える日

世界的コーヒーチェーンといえば、誰もがスターバックス（スタバ）を思い浮かべるところだろうが、そのスターバックスを脅かす存在が現れた。コーヒーの消費量が増えている中国では、スタバではなく、新興勢力のラッキンコーヒー（luckin coffee = 瑞幸珈琲）を選ぶ消費者が増えているのだ。

ラッキンコーヒーは、2018年1月に北京に1号店をオープンしたあと、爆発的なスピードで店舗数を増やしていった。1号店のオープンからわずか1年で店舗数は2000

を超え、2019年中には4500店舗に増やすという目標を掲げている。実際にそうなれば、1999年に中国に進出したスターバックスの中国国内店舗数を上回ることになる。

**ラッキンコーヒーの特徴は、「行列ができない」「並ばずに買える」という点**である。注文はスマートフォンアプリから行い、その場で決済も完了する。購入者は、コーヒーの出来上がり時間に店舗に足を運び、店員にQRコードを見せてコーヒーを受け取るだけだ。行列に並んだり、レジで決済したりする必要はない。

ただし、このラッキンコーヒー、多くの店舗ではくつろげない。というのも、ラッキンコーヒーは、テイクアウト専門の店舗を中心に展開しているからだ。ターゲットは、時短を求めるオフィス街の持ち帰り客。コーヒーを購入するのにかかる時間を、極限まで短縮しているのだ。ソファに座ってゆっくりとくつろげるスターバックスとは、真逆のコンセプトともいえる。

さらにこのラッキンコーヒーは、スターバックスと同様に挽きたてのコーヒーにこだわりながら、料金は2割ほど安く設定している。さらには常連客への無料クーポンを積極的に発行しており、価格競争の面でも優位に立っているのだ。

## 世界一のIT先進国はもはやアメリカではない

先ほどの無人店舗・Bingo Boxといい、このラッキンコーヒーといい、とにかく中国はITを駆使した企業の成長スピードが早い。中国というと、日本人には違法コピーや環境問題などのイメージが強いかもしれないが、今はIT最先進国と見るべきだろう。

IT先進国といえばアメリカというイメージを持つ人も多いだろうが、**いまや中国の前では、そのアメリカでさえもIT後進国となる**。

日本人や他の先進国の人々は、インターネット黎明期からスマートフォンの時代まで、段階を踏んで技術革新の時代を体験してきたが、中国ではそのような体験をしたことのない人たちがいきなりスマートフォンを手にした。ITインフラの空白地帯にスマートフォンが投下され、それが一気に社会に浸透したのだ。

中国は今まさに、14億人がこの情報革命に沸いている。消費者は、Alipay（アリペイ）やWeChatPay（ウィーチャットペイ）などのモバイル決済を駆使し、若者たちはショートムービーのTikTok（ティックトック）から新しい流行を生んでいる。これは都市部の人々だけの話ではない。それこそ、まだ道路が舗装されていない田舎の高齢者までが、スマートフォンを手にビジネスやショッピングを始めているのだ。

アリババ、バイドゥ、テンセントといった巨大ＩＴ企業の役割も大きくなっている。中でもアリババは、２０１６年に「ニュー・リテール宣言」を出し、小売改革にも挑んでいる。ニュー・リテール宣言が目指しているのは、ＡＩやビッグデータを駆使したオンラインとオフラインの融合。生産や流通、販売をＩＴの力で革新し、ビジネスの課題を解決するとともに、消費をより便利にしていくものだ。

その延長線で、アリババは医療のあり方まで変えようとしている。

病院で待たずに受診できるシステム、体調をセンサーで感知して、その情報を活かした食事や通院などのアドバイスを提供するサービス……もはや社会変革まで彼らはカバーしようとしているのだ。

ＩＴ企業が集まる深圳《シンセン》は、「中国のシリコンバレー」とも呼ばれるが、街を歩けば本家シリコンバレー以上の先進性も感じられる。今後のＩＴ技術・ＩＴ文化の進歩を占う上で、中国は常に見ておくべき対象なのである。

## グーグルが目をつけた「運転中」の時間

時間獲得競争に話を戻そう。

**いかに消費者の時間を獲得していくか――これから企業は、そのテーマに挑み続けなければならない**。多くの企業はスマートフォンの中での時間シェアを獲得していくことになるが、時にはスマートフォンが届かないところでも時間シェアの獲得を試みなければならないのだ。

グーグルが消費者の時間を獲得するために目をつけたのは、「運転中」だった。確かに運転中は、スマートフォンにとって開拓しにくい時間だ。自動運転車など、モビリティーの開発でも先頭に立つグーグルだけに、そこに気づくのも早かったのだろう。

２０１６年に日本でもサービスが提供されるようになった「Android Auto」は、アンドロイド端末と車載のカーナビを接続することで、グーグルの地図や音楽、通話などのアプリを操作できるようになるオペレーションシステムだ。

２０１９年９月には、アメリカの自動車大手、ゼネラル・モーターズ（ＧＭ）とグーグルが提携したことが報じられた。車載カーナビにグーグルアプリを直接搭載した車両が、２０２１年よりＧＭから販売される予定だという。

こうしてグーグルは、スマートフォンを使えない「運転中」の時間を獲得するという試みを着々と進めている。これからこのシェアをどれほど伸ばせるかは未知数だが、通勤やレジャーの運転時間が片道１時間とすれば、毎日往復で２時間、そのユーザーの時間を獲得していることになる。その間、ユーザーが音声検索したこと、車で行った場所や行った時間、聴いていた音楽など、多くの情報がグーグルのものとなるのだ。

**グーグルがユーザーの時間獲得競争に積極的なのは、このユーザーデータを獲得したいから**でもある。人の活動を今よりさらに効率化させるには、より多くのデータが必要になる。そのためには、ユーザーの時間を獲得しなければならない。車内においても、さまざまなアプリやデバイスと連動することで、収集できる情報量はさらに増えるだろう。それによって、たとえば車に乗りながらグーグルのＡＩが、冷蔵庫の中で切れた食材を教えてお店へ誘導してくれたり、子どもの誕生日プレゼントを買いにおもちゃ屋まで誘導してくれたりするなど便利な未来を描いているのである。

ついでに言えば、いわゆるインターネットテレビは、もっと見られてもおかしくないとも思えるが、いまひとつ伸びきれない。それは、特にスマートフォンでの「ながら見」ができないからではないだろうか。

私たちが普段テレビを見ているとき、「テレビだけ集中して見ている」ということはあまりない。食事をしながら、家事をしながら、そしてスマートフォンを見ながら、「ながら見」をしていることが多い。特に「スマートフォンでＳＮＳをチェックしながら」が可能かどうかは、若い人たちにとってはとても重大な選択基準である。

インターネットテレビを見ているときは、それがなかなかできない。スマートフォンで見ているのであればSNSをチェックできないし、食事や家事をしながら見るには画面が小さい。パソコンのモニターやテレビで見ることもできるが、今度は場所が限定されてしまうのだ。

たとえ基本的には無料でサービスが提供されていて、簡単に視聴でき、チャンネルが豊富なインターネットテレビであっても、ユーザーが満足しきれていないのは、「それだけに時間を使うのがもったいない」からだとも考えられるのではないだろうか。

先ほどのグーグルの事例は、スマートフォンが使えない運転中の時間を獲得する試みであった。しかし、インターネットテレビのように、スマートフォンが使える環境であるにもかかわらずスマートフォンの利用を制限するようなことがあると、定着化はなかなか進まないだろう。今のネットユーザーは、とにかくいろいろなことを同時にしたい。マルチタスクで動いている。それがいいか悪いかは別として、「それしかできない」という時間を非常に嫌っているのだ。

「それを言ったら、YouTubeにどっぷりと浸かっている状態も同じなのでは?」

そう思われるかもしれないが、同じ動画・配信サービスでも、ユーザーが好きな動画の好きな部分だけを能動的に選んで見ているYouTubeとインターネットテレビとは、大きな違いがある。テレビの視聴者は、いったんチャンネルを選んだら、あとは、言ってしまえば「受け身」で見ているだけだ。だからこそ、何か別のことも同時にしやすい環境でないと、ユーザーはなかなかそれに時間を費やしてくれないのだ。

時間獲得競争において、スマートフォンから完全に時間を奪うことは難しい。スマートフォンを使いながらこちらにも向いてもらうにはどうすればいいか。あらゆるサービス提供者には、そうした視点が必要な時代となるのである。

## パーソナライズで攻勢をかけるリーバイス

消費者は自分にぴったり合う商品を探し求めるが、当然、「自分だけ」に向けた商品が店舗に並ぶことはない。服を買うのであれば、まずは好きなデザインの服を見つけ、その上でサイズや色を数種類の中から選ぶ。言ってみれば、「店側から与えられた選択肢の中から、仕方なくそれを選んでいる」という側面もある。

しかし、「個の時代」といわれる世の中で、消費者の側では「自分だけのモノが欲しい」というニーズも高まっている。そこで**メーカーの間では、商品の〝パーソナライズ〟という動きが出始めている。とりわけ「Amazonに勝つにはどうすればいいか」という大きなテーマを掲げるアメリカのメーカーの間では、その動きが顕著だ。**

というのも、商品そのもののパーソナライズ／カスタマイズ（ここでは、ユーザー側が主体的に選ぶ行動の場合のみ「カスタマイズ」と呼ぶ）は、Amazonのような小売業者が苦手とするジャンルでもあるからだ。


ナイキは自社ブランドのスニーカーを、ユーザーがオンラインでカスタマイズして注文できるサービス「Nike By You」を始めた。ユーザーはまず、自分が履きたいスニーカーの種類を選ぶ。それからパーツごとに色を決め、自分好みの配色のスニーカーをつくり上げていく。自分だけのスニーカーが出来上がったら、あとはオンラインで決済・配送手続きまで完了する。

ジーンズメーカーのリーバイスも「リーバイス テーラーショップ（Levi's TAILOR

SHOP)」というパーソナライズサービスを展開している。こちらは実店舗まで足を運ぶ必要があるが、実際にテーラーと相談しながら、シルエットや刺繍などを自分好みにカスタマイズ可能だ。日本でも、スーツ・シャンプー・下着・靴・サプリなどでパーソナライズするサービスを提供するベンチャーが数多く生まれている。

こうしたショップはもはや、「モノを買う場所」ではなく「モノを一緒につくる場所」といえる。本書では、「買い物の面倒なプロセスは省略されていく傾向にある」と述べてきたが、それはこのような「新しいユーザー体験」が生まれるということでもあるのだ。

## 自分で好みを見つけるAmazonの「Discover」

一方、パーソナライズ機能を持たないAmazonも、違う形でユーザーのパーソナライズ化に対応している。その一つとして始まったのが「Discover」だ。

これは「パーソナライズ／カスタマイズ」ではなく、「レコメンド」に含まれるサービスだが、ユーザーが主体的な選択をするという点ではカスタマイズと共通している。

一般的にECサイトのレコメンド機能というと、それまでの購入履歴などから、AIがおすすめの商品を自動的に選んでくるというものを思い浮かべる人が多いだろう。しかしこのDiscoverは、ユーザー自身の判断でレコメンド商品が絞られていく。

たとえばダイニングテーブルを探したいのであれば、まずDiscoverのトップ画面からダイニングテーブルを選ぶ。するとダイニングテーブルのサムネイル画像が何枚かランダムに表示されるので、好きなものには「Like（いいね）」、そうでないものには「Dislike（ちがうね）」の評価をする。

Likeを押せばそれに近い商品以外は別の商品に入れ替わり、Dislikeを押せばそれに近い商品が別の商品に入れ替わる。そのような入れ替えを何回も繰り返すうちに、自分が求めている商品だけがリストアップされるという仕組みだ。ここにもAIが機能している。

これまでAmazonというと、品揃えが豊富であることが強みであったが、今は品揃えが豊富なことに満足する消費者は減っている。先にも述べたように、「たくさんある中から選ぶこと」は、とても面倒くさい。消費者にとっての価値は、商品がたくさんあることではなく、「自分の欲しい商品が早く見つかって買い物時間が短縮されること」だ。「たくさんの商品を扱うこと」と「他人の好みをもとに推奨すること」が大きな強みであるAmazonのサービスとしては、**このDiscoverの「自分で自分好みの商品を見つけていく」というアプローチは、異質な、あるいは真逆のアプローチとも言える**だろう。

ちなみに、「自分の好み」という視点で言えば、オンライン上では商品のイメージは写真で判断される。つまり、商品パッケージが重要になる。私が関わる仕事でも、オンライン専用にパッケージをリニューアルしたいという相談が増えている。いまやECモールやSNSで見たときに「いかに欲しくさせるか」を分析して、最適なパッケージデザインが施されているのだ。

この際には、リアル店舗で並んだときとは違う視点でのデザインが必要となる。面白いことに、昔は売れていたが最近は売れ行きが落ちている商品について、パッケージをオンライン専用に変更したらまた売れ始めるということもある。

## ロレアルがARの企業を買収したワケ

美容・化粧品業界でも、パーソナライズ化の動きは活発だ。

フランスに本部を置く化粧品最大手のロレアルグループが、2019年5月から北米で開始した「Color & Co（カラーアンドコー）」は、一人ひとりに合ったヘアカラーを届けるサービスだ。

Color & Coを利用するユーザーはまず、ビデオチャットでプロのスタイリストに相談をしながら、髪質の診断を受けることができる。さらに、その診断結果をもとに調合されたヘアカラーキットが自宅に届けられる。いわば、ヘアカラーのオーダーメイドのようなものだ。

これまでは店頭でヘアカラーを買っても、色が明るすぎたり暗くなったりと、美容室で染めるような満足感は得られなかった。一人ひとりの髪質や髪の太さなどにより、同じヘアカラーを使っても染まり方が違うからだ。そこでロレアルは「商品の種類を増やす」のではなく、「パーソナライズ」という形で対応したのである。

同社が2018年にAR（拡張現実）の技術を持つカナダのModiFace（モディフェイス）を買収したのも、このパーソナライズ戦略の一環といえる。

ロレアルというと、これまで美容関連の企業を次々に買収し、多様なブランドを展開してきた企業だ。IT系のModiFaceの買収は異例であったが、これはスマートフォンアプリによるメイクシミュレーションのサービスを展開したかったためだとされる。同社が持っていた技術により、スマートフォンの画面で、自分の顔写真にロレアルの化粧品やヘアカラーを「試着」していく。ユーザー自身で、自分に最適な商品を見つけてもらうというわけだ。

## 加速するインフルエンサーマーケティング

第1章でも触れた通り、今の若い人たちは広告を信用していない。テレビCMや新聞広告のようなマス広告が効きにくい時代になっている。

そこで企業は、ネットでの口コミ効果に着目し、その起点として「インフルエンサー」

を活用したマーケティングを展開し始めている。ご存じの方も多いだろうが、インフルエンサーとは、ネット上で影響力を持つ人たちのことで、人気ユーチューバー、インスタグラマーなどがその代表例だ。

実際に、マス広告からインフルエンサーマーケティングに予算をつけ替え始めている企業も多い。ネット広告は大きな予算を必要としないため、大企業よりも中小企業により導入メリットがあるといえるが、いまや大手企業もネット広告から入るのが当たり前になっているのだ。若い消費者は、テレビCMでタレントがすすめる商品よりも、友人やインフルエンサーが「これいいよ」とすすめるもの、使っているものを欲しがる傾向にある。

SNSでは、フォロワーの数が多ければ、それが価値になる。たとえばInstagramで1万人ぐらいフォロワーがあれば、相当な影響力を持つ。ジャンルにもよるが、3万人くらいまでいけば、スポンサーがつくレベルだ。

億万長者が続出しているユーチューバーも、企業の商品を紹介することがある。いわゆる「企業案件」というもので、自分が普段自由にアップしている動画とは別に、企業とコラボして視聴者に商品を紹介しているのだ。

単にタレントがテレビで商品を紹介するのと違うのは、**人気ユーチューバーの多くは、「自分がいいと思ったものしか紹介しない」**という点だ。

タレントの場合は、事務所を通して受けた仕事を、台本通りにこなすことが求められる。その商品が好きかどうかはあまり関係ない。一方、ユーチューバーは、自分が魅力を感じていない商品を紹介しない。それをやってしまうと、自分のチャンネルの価値が下がってしまうからだ。それに、YouTubeから支払われる広告収入で経済的にも余裕がある人たちなので、企業案件は「気に入らなければやらない」というスタンスをとる人も多い。それゆえフォロワーからも「本当にいいものなんだな」と信用されやすいのだ。

YouTubeよりも簡単に投稿できるショートムービーのTikTokは、若い人たち、特に10代の間で大流行している。ペプシコーラやローソンなどは、TikTokでダンスをはやらせて、口コミマーケティングに成功した。

TikTokにもカリスマ的な人気を誇る投稿者（ティックトッカー）がいる。彼ら彼女らがそのダンスを投稿すると、一般のユーザーもその真似をして爆発的にダンスが流行する。TikTokはインフルエンサーを中心に流行が広がる仕組みが出来上がっているので、企業がキャンペーンで使いやすいツールでもある。

このようなインフルエンサーマーケティングは、消費者にとってもメリットのあることだ。これまでCMというのは、「できれば見たくないもの」であった。テレビの録画機能に、CMをスキップする機能がつくほどだ。

しかし、自分の好きなインフルエンサーが紹介してくれるというのであれば別だ。話を聞いているだけでも楽しいし、自分の興味に近いものが紹介される。

口コミは「CMのパーソナライズ化」とも言えるのではないだろうか。

## 「うどんインスタグラマー」まで登場!?

「何人くらいのフォロワーがいれば、インスタグラマーとして食べていけますか?」

そう尋ねられることがよくある。ジャンルによるので一概にはいえないが、億万長者になるのではなく、「食べていければいい」ということであれば、3万人くらいが一つの目安となるだろう。それだけのフォロワーがいれば、インスタグラマーにスポンサーがつきやすくなる。今、フォロワー数が1万人に達しているインスタグラマーはそれほど珍しくないので、あと少しで「プロのインスタグラマー」という人は意外に多いのだ（もちろん安定して続けられるかどうかは別の話である）。

私の周りでも、名もなき男子大学生がInstagramを始めてわずか数カ月で、企業から月額数十万円で「アンバサダーになってほしい」とオファーが来た例がある。

アンバサダーとは、特定の企業と契約を結び、自身のアカウントで商品やサービスの魅力を伝える人のことだ。本書で扱ったインフルエンサーにも似ている言葉だが、インフルエンサーはネット上で影響力を持つ人のことで、必ずしも特定の企業と契約を結んでいるとは限らない。一方、アンバサダーは社会への影響力のあるなしに関わらず、その企業が好きであるということが前提で、企業と一体となってブランディングに関わっていく。

この学生のライフワークは、好物のうどんを食べ歩くこと。彼は毎日ひたすら、うどんの写真をInstagramにアップし続けた結果、彼の存在を見つけたうどんチェーンからオファーがあったというわけだ。

しかし、彼は破格のオファーを断った。彼の興味の対象はうどんであって、お金ではなかったのだ。彼はお金の代わりに、あるものが欲しいと言った。それは、そのチェーン店のうどんを1年間無料で食べられる権利。アンバサダーの契約金に比べたら微々たるものだが、こういう価値観がなければそもそもインスタグラマーとしての成功もなかったのかもしれない。

それにしても、企業がなぜこれだけ高額なオファーを出すのか、理解しがたいという人も多いだろう。実は今、SNSでうまく情報発信する人たちとのつながりを持ちたいという企業が増えている。多額のコストがかかっているようにも見えるが、広告を出したり、新たに人を雇ったりするよりも安く済むのだ。

企業にとっての価値はフォロワーで、すでにSNSのフォロワー数を新卒採用の選考基準の一つとしている企業も増えている。売り手市場は今後しばらく続くので、就職活動よりもSNSに熱を入れる学生が増えるかもしれない。

第 4 章

# さらなる進化、「デジタルシェルフ」へ

私たちのショッピング体験や企業の販売戦略は、デジタルの力により驚くべき進化を遂げてきた。そしてこれからのデジタルシェルフ時代、その進化はますます加速するだろう。それは技術的な進歩のみならず、私たちの価値観や思考まで含めた変化となる。機械の役割はより一層大きくなるが、それ以上にデジタルシェルフのキーとなるのが人間。とりわけ「人と人のコミュニケーション」である。

# あらゆるデバイスが商品棚になる

「はじめに」でも述べたように、本書の定義するデジタルシェルフとは、「世の中の電子化が進む中で、日常の身の回りにある、ありとあらゆるものがシェルフ（商品棚）になること」である。そしてその意味は「技術的な革新」にとどまらず、「私たちの生活や価値観の変化」といった現象も指している。

デジタルシェルフ時代の初期に起こるわかりやすい変化は、私たちが持っているあらゆるＩＴデバイスに商品棚が移動することだ。今までは、欲しいモノがあれば、必ず店舗に足を運んでいた。店舗のほうが消費者にとってたくさん商品があったからだ。それがＥＣのおかげでネット上のほうが商品も多くなり、店員に聞かなくても口コミで良し悪しの判断もでき、すぐ届くというインフラができ、商品を探すのも買うのもネットになった。

これにより、販売する企業にとっても、**「リアル店舗の棚の一等地」に商品が並んでいることよりも、「オンライン上の**

〈図表8：デジタルシェルフの重要性が増す〉

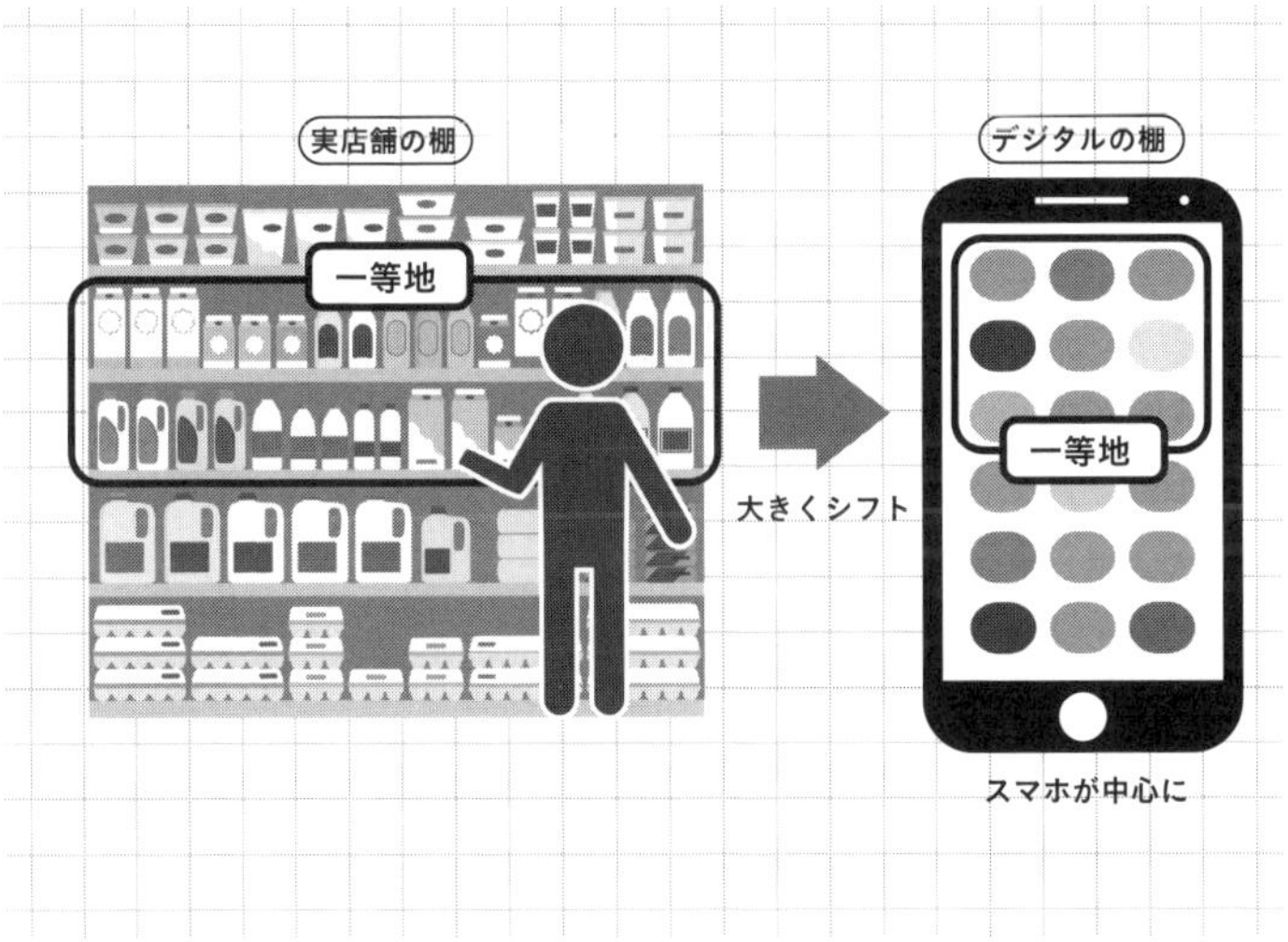

## 棚の「一等地」に並んでいることが重要になった。

この変化が企業にもたらす問題は2つある。1つは、リアル店舗なら営業マンを多く雇い、小売店に営業することで棚を獲得できたが、ネット上ではECモールの支配するAIで棚は動いていて、お金をかけても自由にコントロールできないことだ。もう1つは、デジタル上の棚で、自社の商品が一等地にどれくらい並んでいるかを可視化できないことだ。これは棚が無数の場所に点在しているためとリアルタイムで棚が変化しているためである。

皆さんはご存じだろうか。たとえばミネラルウォーターでは、Amazonと楽天で最も売れているブランドがまったく異なることを。楽天ではクリスタルガイザーが売れ筋ランキングの1位だが、Amazonではキリンの「アルカリイオンの水」が1位である（2019年10月現在）。そしてリアル店舗のドラッグストアでは自社のPB（プライベートブランド）商品が1位になっていたりする。

つまり、われわれがあるリアル店舗の売れ筋ランキングで見た「人気のミネラルウォーター」は、全国的に見て本当に売れている商品であるとは限らないのである。商品によっては、「InstagramやTwitterで検索して人気商品を探す消費者もいる。消費者はランキング上位の商品を信用して購入する傾向があるため、企業としてはオンライン上でもランキング上位に載せる必要がある。

また、こんなこともあった。ある大手日用品メーカーが、数年ぶりに主婦に向けて新商品発売するので、大々的にテレビコマーシャルを打った。ドラッグストアなどでは棚を確保していたが、ECモールや口コミサイト、SNSなどではその商品について露出がなく、大失敗してしまったのだ。また別の企業では、商品レビュー上で、あるユーザーから商品の悪口が書かれたままで残っていたため、販売するのに長い期間にわたって苦労していた。これらはデジタル上の商品情報を見過ごし、管理できていなかった例である。

このように、**消費者にとっての棚は、デジタル上に移った**のである。メーカーは今まで売る部分は小売りに任せていればよかった時代から、自社で売ることに関しても管理が必要な時代になった。実際、どの企業もデジタルシフトを戦略として掲げているが、現実にはデジタルの棚を管理しきれていない。私はデジタルシェルフを管理するAIシステムを提供する企業にいるが、ニーズの高さからか、これに関する大手企業からの相談は多い。

今後は、スマートウォッチなどのウェアラブルデバイスからも買い物が可能になるだろう。スマートグラスが普及すれば、可能性はさらに大きく広がる。目の前にあるすべてのものを画像解析して、気になるものがあればその場で同じ商品や類似商品をすぐに注文できるようになる。つまり、**私たちの目に映るものすべてが商品棚になる**というわけだ。

あるいは、家電のＩｏＴが進めば、それらもデジタルシェルフとなる。冷蔵庫の中のものを自動解析して、常備品が切れそうになったタイミングで勝手に注文してくれる。空気清浄機のフィルターの交換時期が来たら、新しいフィルターが自動で届く。掃除機が床のひび割れを発見して、補修用品を注文してくれる。

さらに言えば、私たちの体さえデジタルの商品棚にもなりうるのだ。

近年、Fitbitのように、脈拍センサーなどを備えたリストバンドが健康管理にも活用されているが、センサーによって体調の異変がキャッチされれば、それに対応した健康食品・健康グッズが送られてくるようになる。医療アドバイスや、クリニックの予約まで行えるようにもなるだろう。

Amazonは、スマートスピーカー「Amazon Echo」でデジタルシェルフを実現する、ある特許を取っている。

Amazon Echoに搭載されているＡＩ「アレクサ」は、聞こえてくる音を24時間分析している。アレクサは、ユーザーが「アレクサ」と話しかけると起動すると思われているが、実際にはユーザーが起動していると認識していない間も音声を拾い続けているのだ。

同社が取った特許とは、アレクサがユーザーの音声をキャッチし続ける中で、声の調子が変化していると判断した際に、ユーザーにのど飴をすすめるというものだ。体調の変化は、自分でもなかなか気づきにくいことがある。特に自覚症状がないうちは、ＡＩのほうが先に気づく異変も多いだろう。

Amazonが音声データを取り続けていることについては、サービス向上を目的にしているとはいえ、「盗聴ではないか」「プライバシーの侵害だ」という批判の声も多い。ユーザーとしては、利便性を取るか、プライバシーを取るか、という話になるだろう。

ともあれ、デジタルシェルフで商品棚になる「ありとあらゆるもの」には、こうした音声も含まれる。「目に見えるもの」だけとは限らないのだ。

ただし、そこにはある条件がある。それは、「データ化できるもの」であるということ。それは、デジタルシェルフというものが、このあとお話しする「データドリブン」で実現されているものだからだ。

## データドリブンにより始まる「無意識の買い物」

デジタルシェルフによって、われわれ消費者への企業からのアプローチはどう変わるのか。それを考えるに当たって、消費者側の視点では、主に次の2つの変化が起こると考えられる。

①データドリブンにより、AIを活用して自分に必要なものが自然に届くようになる
②他人の意見によって商品を購入するようになる

まずは①から解説しよう。

「データドリブン（データ駆動）」という言葉は、最近よく聞かれるようになったが、ひと言で言えば、データをもとにさまざまな判断や実行がなされることだ。一般的には、「データドリブン経営」「データドリブン社会」などといった使われ方をする。

デジタルシェルフも、データドリブンで動き出す。ここでいうデータとは、ユーザーの購入データ、検索履歴のほか、先ほど紹介したような体調のデータや音声データも含まれる。**こうした多様な個人情報が集積されているからこそ、消費者が「今まさに欲しいもの」「本人は必要だと気づいていないが本当はあったほうがいいもの」をすぐに届けてもらうことができる**のだ。

デジタルシェルフ時代には、私たちの生活のあらゆるシーンに買い物が入ってくる。テレビを観ているとき、出演者が着ている服が気に入れば、その場で購入できる。旅モノの番組なら、その場で宿の予約ができる。外出先でも、カフェで流れている「曲名はわからないけれど気になる曲」をその場でスマートフォンにダウンロードしたり、そこに置いてあるのと同じ食器や雑貨を注文したりできる。今よりもダイレクトな買い物が可能になるのである。

また、Amazonは広告ビジネスでも躍進していることをご存じだろうか。実はオンライン広告事業ではGoogle、Facebookに次いで3番目の会社となり、急成長している。その中身は、Amazonで買い物をしているユーザーに広告を出せるというものだ。Amazonで何を買ったかをもとに広告を出せるということは、企業としてはいろいろ効果的で、たとえば購買データを活用して、過去におむつを買った人に粉ミルクをすすめることができる。

あるいは、たとえばナイキブランドをよく買う人に、アディダスの製品をすすめることなどもできる。つまり、ライバルブランドの顧客を奪うことも可能なのだ。実際に、無名の小規模ブランドが水面下でターゲット広告を使い、90%オフのクーポンを配って大手ブランドから顧客を大量に奪っているケースもある。

ただ、こうした近未来的な買い物ですら、デジタルシェルフの全体像を語る上では、ほんの入り口部分に過ぎない。

先ほど挙げたような例では、「欲しいから取り寄せる」といった消費者の思考が入るが、**実際の買い物の変化は、無意識の領域まで進んでいく。**

たとえば、身体の調子が悪くなる前に健康サプリメントが届く、必要になったときに洗剤やトイレットペーパーなどの消耗品が届く、その人の好みや健康に合わせた献立をもとにミールキット（特定の料理をつくるのに必要な食材一式）が届く、といったことが当たり前の時代になる。

そうしたサービスの核となるのは、先ほどからも話しているように「情報」だ。

パーソナルな情報がＡＩによって分析され、必要とされるモノやサービスが勝手に届く。

「①データドリブンにより、ＡＩを活用して自分に必要なものが自然に届くようになる」とは、まさにこのことである。

## データの活用で変わるメーカーの現場

これからは、企業活動においても、データドリブンで始まるケースが増えてくる。アパレルでは、すでにその動きが始まっているのだ。

ユニクロを展開するファーストリテイリングは、自分たちのことを「情報製造小売業」

と呼ぶように、情報を重視した経営政策に積極的だ。具体的には、ユニクロのファンや、店頭のスタッフらの声を集めて、商品開発や需要予測に役立てていくという。さらには、リアル（実店舗）とバーチャル（ECサイト）を融合させた、新しい物流システムの開発も進めている。物流業界の再編は、Amazonやウォルマート、楽天のような小売りだけでなく、メーカーも含めて繰り広げられることになる。

また、スペインのZARAは、データ活用により、服を3週間でつくる体制を敷いているという。

従来、アパレルメーカーは、シーズンの半年ほど前から服をつくっていたが、それだと短期的な流行のサイクルには対応できない。つくった服が流行に乗れずに、大量の在庫になってしまうことは、メーカーにとって悩みの種だった。

たった3週間で服を市場に回せることで、ZARAはそうした心配とはほぼ無縁なのだ。「今、世間でどのような服が売れているのか」をこまめにキャッチしながら服づくりに活かせるからだ。もちろん、この考え方を応用することで、アパレル以外でも開発のサイクルが今後どんどん短くなると予測できる。

もっと手軽な方法として、Instagramを活用しているというアパレルメーカーも多く見られる。Instagramの活用というと、利用者へのプレゼントや割引などの還元キャンペーンをイメージするところだが、活用方法はそれだけではない。Instagramを「流行の最先端の場所」と捉え、投稿写真の色・柄・素材などをＡＩによる画像解析技術で分析しながら服づくりに活かしているメーカーも珍しくないのだ。これも広い意味でのデータドリブンといえる。

もちろん、服の製造過程がどう変わろうと、われわれ消費者レベルでは実感がないことかもしれない。しかし、これまで店頭には、「流行の服」と「流行に乗れなかった服」とが混在し、「今どきの服」を見つけにくかった。それがデータドリブンにより解決され、さらに個人情報の解析まで進めば、トレンドにも自分の好みにも合った服を見つけやすくなるだろう。

**写真というたくさんの情報を含むデータは「価値の宝庫」**である。これがＡＩを活用すると、従来の人間が予測するよりも速く、高い精度でトレンド予測ができる。

アパレルに限らず、私が関わったプロジェクトで、商品レビューをＡＩで解析することで消費者ニーズを発見し、売上を大きく改善したケースもある。メーカーは商品を発売する前に多くのモニター調査を実施し、消費者に事前に使ってもらうことで改良して市場に販売するわけだが、あくまで一部でしかテストできないため、実際に販売すると違う反応になることが多い。一方、商品レビューは消費者が強制されることなく自然に発信する情報なので、トレンドを予測するには価値のある情報源となるのだ。

実際に、ある洗剤の「香り」について、思ったよりもネガティブな意見がオンラインの商品レビューに書かれていたことがあった。それを受けて、香りについての情報をパッケージやウェブ上に記載するようにしたら、それがポジティブな意見に変化して販売が伸びたというケースもある。

われわれ自身が手掛けたデータドリブンの例はほかにも数多くある。たとえば私たちは、国内の主要なＥＣモールや口コミサイト上のすべての商品レビューを分析しており、性別・年代・地域・購入目的などごとに切り口を変えて分析し、市場ニーズに合った商品開発のサポートも行っている。こうした分析からは、たとえば、一般ではそれほど売れるわけではないが、「ギフト需要」でよく売れるスイーツを開発するといったこともできるのだ。

ほかにも、オンライン上のすべてのジャンルごとの、性別・年代別の日々の売れ筋ランキングデータを分析することで、今後売れ始める商品のトレンドを予測することもできる。たとえば、**実店舗で売る商品とはパッケージや成分などを変えた、オンラインのみで販売する商品も、今後は増えてくるはずだ。**

もう一つ重要なデータは、検索キーワードのデータだ。検索キーワードとは、ECモールでユーザーが探すときに入力する言葉である。これは、そのときの需要が強く表れる。より多く検索される言葉、今までなかったが急に増えた言葉。これらからも商品トレンドを予測することができるのである。

たとえば、チョコレートのジャンルでは「カカオ効果チョコレート」というキーワードが増えている。売れ筋ランキングを見ても、カカオが多く含まれるチョコレートが売れている。これはチョコレートのカカオ豆に含まれるポリフェノールに美容・健康への効果があるからである。しかし、スーパーやドラッグストアでは、棚のスペースにも限りがあり、売上上位にはあまり入ってこないのだ。

今後はトレンドをより早くつかんだ企業が優位に立つはずだ。ビッグデータを活用することで、まだまだ魅力的な商品を開発できる可能性があるのである。

## 映画のキャスティングも顧客データで決まる

動画配信大手のNetflixも、データ解析がサービスの主軸となっている。

Netflixのサイトにログインすると、これまでのユーザーの視聴履歴に基づいたおすすめの作品が一覧になって表示される。これもデータドリブンの機能の一つといえるが、それ自体は他社サービスでも取り入れられており、さして珍しいものではない。

Netflixのデータ活用で特徴的なのは、ユーザー全体の視聴データを解析し、それをオリジナル番組の制作に反映させている点だ。

同社はオリジナル番組には、前述のように年間150億ドル（約1・6兆円）という莫大な予算をかけているが、闇雲にその予算を使っているわけではない。データ分析により、どのような番組にニーズがあるかを割り出して、制作を最適化しているのだ。
たとえば、ある人気作品を視聴したユーザーがほかにどんな作品を視聴しているか、どの監督の作品を見る傾向にあるか、どの俳優が出演する作品を見る傾向にあるか……といったことを割り出し、オリジナル作品の監督選び、俳優選びなどに活用している。

つまり、オリジナル作品の監督や俳優は、「今が旬だから」といった理由で選ばれているのではない。**精緻なデータ解析に基づいて、「このジャンルで確実に好むユーザーがいるから」といった理由で選ばれている**のである。

そこにはスポンサーやタレント事務所の意向も入らない。その作品が「観られるため」の人選が、データドリブンで行われているのだ。映画プロデューサーの仕事のいくつかを、AIが請け負っている形だといえるだろう。

最近のユーザーは、映画やドラマなどの作品を最後まで観ないことも多い。「つまらない」「時間の無駄だ」と思ったら、すぐに離脱して、別の作品を探し始める。しかし、ユーザーの好みに合わせて、最適化した作品を次々に投入することで、作品からの離脱を防ぎ、ユーザーの満足度を高めているのである。

動画配信業者には、ユーザー情報が大量にある。いつ、どこで、どのデバイスで何を観たか。ほかにはどんな作品を好むのか。番組のどこで離脱したのか。

既存の大手映画会社は、そのようなユーザーの事細かな情報を持っていない。データドリブンのドラマ制作には、先ほど述べたような優位性があるため、Netflixのような動画配信業者が、ハリウッドに代わって世界の映像業界をリードする存在になる可能性もあるだろう。

もちろん、既存の大手映画会社が、その状況をただ指をくわえて見ているとも考えにくい。データ時代に対応した戦略をとってくるはずで、生き残りをかけた激しい競争が始まるだろう。

私たちとしては、自分好みのいい作品が届けばどちらでもいいのかもしれないが、作品の質も変わってくることは確実で、興味深いところではある。

映画やドラマだけではなく、メーカーでも、商品開発にユーザーデータを活かす流れは加速している。ユーザーデータとは、どこで誰が何をいつか買ったか、どういうプロセスを経たのか、SNSや商品レビューはどうなっているか、といったデータである。従来はオフラインでのユーザーの動きは見えなかったが、今はオンラインで大量のデータを取得できるようになった。今後、メーカーの商品開発者に求められるのは、大量のさまざまなデータを分析する力になってくる。

ECモール上でも、検索から商品を探すユーザーが多いが、たとえば、**「○○社の化粧水」と検索しているユーザーと、「人気の化粧水」と検索しているユーザーは、オンライン上で違った行動をする。**化粧水をうまく販売するためには、異なるユーザーが満足する情報を提供する必要があるのだ。「人気の化粧水」と入力したユーザーには、ランキングや販売実績数や高評価なレビューで買いたくさせる。「○○社の化粧水」で入力したユーザーには、肌のタイプに合わせてぴったりな商品へスムーズに誘導するべきなのだ。

もう一つ紹介したいのは、ある下着メーカーの事例だ。この会社では、売れている人気商品のページについて、PCからアクセスするユーザーと、スマートフォンでアクセスするユーザーの特性はまったく違っていた。PCからアクセスしてきているユーザーは年齢が高めで、何ページもページを閲覧して、一度に何点も買っていた、一方、スマートフォンでアクセスしたユーザーは若い人が多く、1点だけ買うユーザーが多かった。そこで、PCからきたユーザーには「こちらもどうぞ」とおすすめしたり、ウェブ上の文字を大きめにしたりすることで販売を伸ばすことができた。行動データをうまく分析すると、ウェブ上での接客の仕方を最適化できるのだ。

広告が効きづらくなったといわれて久しい。テレビだけではなく、チラシやウェブもそうだ。消費者は賢いので、広告ではない「それ以外の情報」を見て購入している。たとえばECモールの人気ランキング・商品レビュー・SNSでの投稿などだ。広告費をたくさん使ってどれだけ売れたかを分析しても、正しいマーケティング的な回答は得られないのである。

では、企業としてはどうすればいいのか？　それは、デジタル上の商品に関連する情報を「棚」と捉えて、一つひとつの情報を点数として、合計点数を高めることである。

# 日本がデータドリブン社会になりづらい事情

アメリカの企業を中心にデータドリブンが進む中、日本企業はどうなるのか？

現状で判断すれば、データドリブン化は、なかなか進まないのではと考えられる。というのも、日本には「データサイエンティスト」と呼ばれる職に就く人が少ないからである。

データサイエンティストとは、本来的には膨大なデータを整理・解析し、それを企業の事業戦略に落とし込む専門家のことをいうが、日本においてはもともと理系の人材が少なく、データサイエンティストが不足しているのが現状なのだ。

最近は理系の学生を1000万円以上の高額年収で募集する企業が話題になったりもしているが、一般的には文系も理系も新卒初任給はそれほど変わらないので、勉強が大変な理系を選ぶ学生が増えにくいのは仕方ないところもあるだろう。

人材不足だけではない。デジタル分析ツールを提供している会社の数についても、日本はアメリカの10分の1くらいしかないといわれている。海外では、優秀なデジタル分析ツールを持つ企業が次々に買収されているが、日本ではデジタル分析ツールの価値があまり高く見られていないのだ。

そもそも日本企業には、デジタル部門を持っている会社が少なく、デジタル分析市場そのものがあまり大きくない。

しかしそれでも、データを分析する仕事の重要性が増していくことは間違いない。**今後は企業内のCDO（チーフ・デジタル・オフィサー）と呼ばれる役職が、より重要な役割を担っていく**だろう。

CDOとは企業のデジタル戦略にお

〈図表9：デジタルとリアルの両方で自社のブランド価値を把握する〉

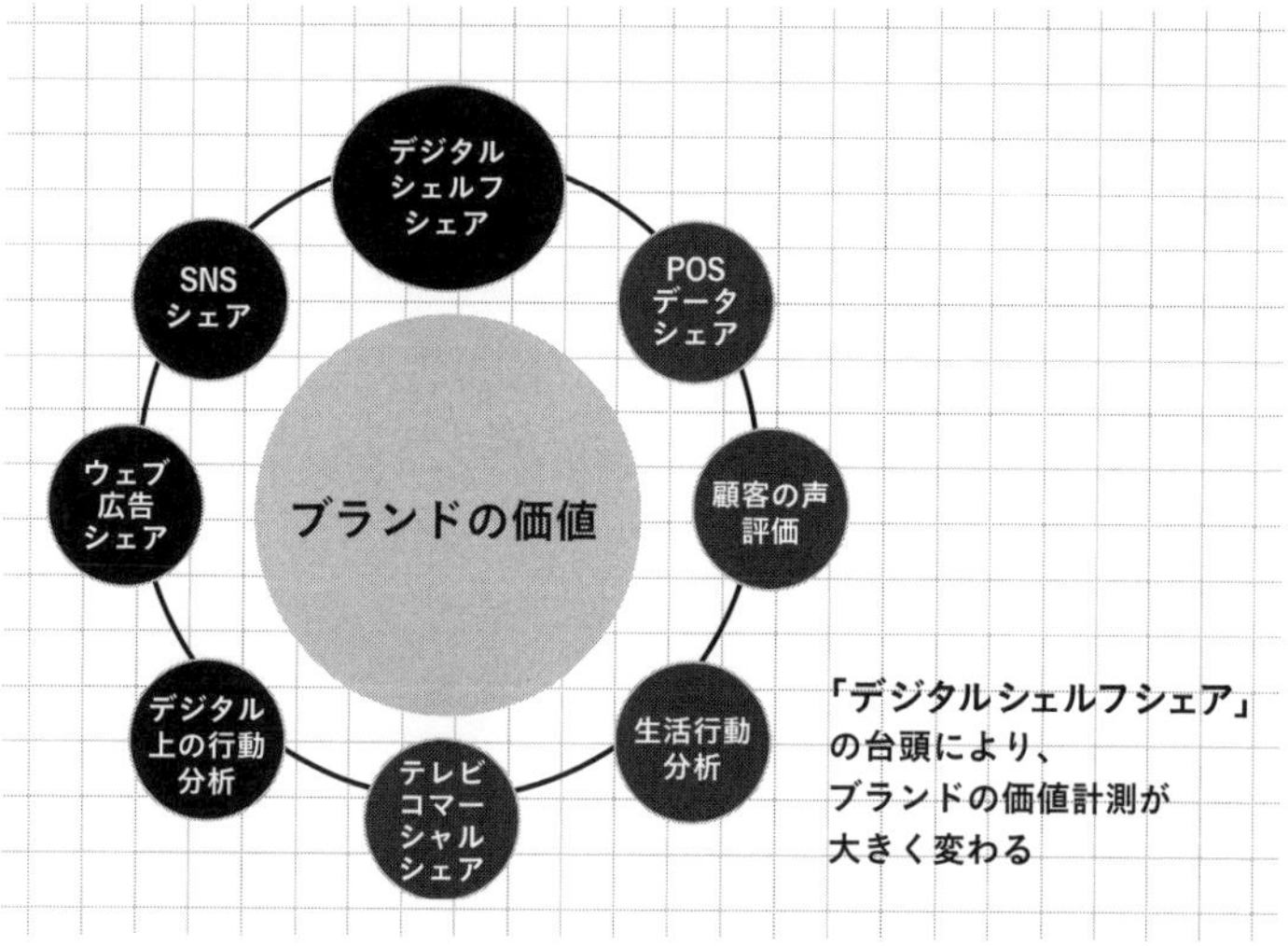

ける最高責任者で、デジタルを駆使した商品開発から物流までをコントロールするのが役割である。EC業者などの中にはもともとあった役職だが、その位置づけがこれまで以上に高くなるのだ。今後は、EC・SNSを中心とした「デジタルシェルフシェア」の把握はもちろん、従来のメディア広告、実店舗での消費者行動データも含めて、デジタルとリアルの両方で自社のブランド・商品が認知され、消費されているのか分析することが必須となる。

そこからデータドリブン化が進む可能性はある。しかし、人材育成は一朝一夕にできるものではないため、実際にはもう少し先の話になるだろう。

## 「自分で気づかないマーケット」の開拓

われわれ消費者への企業からのアプローチを考える上でのもう一つの変化は、「②他人の意見によって商品を購入するようになる」ことだ。デジタルが進歩する時代に発達するのは機械だけではない。そこには必ず人がいるのだ。

ここでの「他人の意見によって」というのは、主にSNSでの口コミである。

今の若い人たちは、広告よりも口コミを信じており、企業もインフルエンサーを活用した口コミマーケティングを積極展開している。このことについては、すでに述べた通りである。

ではなぜ、口コミが優れているのか？

機能面での優位性を言うならば、それは「世の中には検索だけでは見つからないものが多々あり、口コミはそれを見つけてくれるから」である。


**検索が「自分で気づくマーケット」だとしたら、口コミは「自分では気づかないマーケット」と言える**だろう。

前者の「気づくマーケット」は、実は市場規模がそれほど大きくない。いくら検索で数十万件とヒットしても、実際に確認するのは上位数件だろうし、検索条件を変えたり検索結果を取捨したりといった手間もかかる。検索は必ずしも自分に最適なものが簡単に見つかるツールではないのだ。

これに対して口コミは、自分が気づいていない「いい商品」を紹介してくれる。しかもその情報は、自分の友人やフォローしている人からやって来るので、企業が広告ですすめてくるものよりも、自分の好きなもの、自分に合ったものである可能性が高いのだ。

## 「コミュニケーションがある場所」がどこでも店舗になる

インフルエンサーの価値がまだ認められていなかった頃の彼らは、企業からすればわかりにくい存在であった。しかし彼らの発言・行動・ファッションが人々の購買につながることがわかるようになると、企業は彼らの持つ発信力を無視できなくなった。インフルエンサーを「重要なビジネスパートナー」と位置づけたのだ。

インフルエンサーとは、もともとネット上で影響力を持つ人のことをいうが、デジタルシェルフ時代は、インフルエンサーがただ単に「影響ある人」ではなくなる。

彼らはInstagramやYouTubeなどで、企業から依頼のあった商品を紹介する「企業案件」を手掛けることがあるが、今後は彼ら自身が「小売り」となっていく。つまり、「インフルエンサー自身が商品を仕入れて、それを販売していく」というケースが増えると考えられるのだ。

そして**その主戦場となるプラットフォームこそ、ライブ配信とEコマースをかけ合わせた「ライブコマース」**なのだ。

ライブコマースとは、ライブ配信のプラットフォームでライブ配信者が視聴者に商品を紹介し、販売するというものである。日本ではまだそれほど浸透していないが、中国ではユニークユーザー数で月間数億人が利用する流行のサービスとなっている。

従来のテレビショッピングに近いものだが、大きな違いは、「配信者と視聴者が相互にコミュニケーションを取っている」という点だ。テレビショッピングは、その商品の特徴を一方的に見せて終わりだが、ライブコマースは、

「ちょっと違う角度から見せてみて」
「こういう使い方はできない？」

といった視聴者のリクエストに、配信者が即座に応えることができる。

こうしたリアルタイムのやり取りを繰り返すうちに、視聴者はその商品への興味と理解を深めていく。そして視聴者の多くが、そもそもそのインフルエンサーのファンである。ライブコマースは、ときに「ファンコマース」とも呼ばれるように、「ファンだからモノが売れやすい」という構図もある（ただしこのあと述べるように、ファンというだけでは限界もある）。

インフルエンサーが小売りも手掛けるデジタルシェルフ時代の消費者は、ショッピングモールや小売店で買うのではなく、インフルエンサーなど「人」から買うことが珍しくなくなる。

買う場所はリアル店舗からInstagramやYouTube、ライブコマースのプラットフォームなど、「コミュニケーションがある場所」に移り変わっていく。つまり、**そこに人がいるのであれば、どこでも店舗になりうる**ということなのだ。

そんな中で、時代の変化に対応できない従来型のリアル店舗は、確実に淘汰されていくだろう。

# 質よりも共感できるストーリーで売れていく

では、なぜ消費者は、企業ではなくインフルエンサーから商品を買うのか？

ファンコマースというだけに、単純にファン心理で買う人もいるだろう。しかしそのようなコアなファン層だけでは、マーケットは大きくならない。ファンが購入し、そのファンの口コミで商品のことを知った「ファン以外の人たち」も巻き込んでいかなければ、ビジネスとしては遅かれ早かれ限界が訪れるだろう。

そこで、**より多くの人に売れるための要素として欠かせないのが「共感」**なのだ。

「確かにその機能があったら便利そうだな」
「天然素材にこだわっているから安心できる」

このような共感があるからこそ、コアなファンだけでなく、ライトなファン、そして初めて知ったような人にも商品が売れていく。

そしてそのような共感は、「ストーリー」から生まれている。
その商品が生まれるまでのストーリー。
生まれてから売れていくまでのストーリー。
そしてそれを使って喜ぶ人たちのストーリー。

共感できるストーリーがあれば、自然にモノは売れていく。これは以前からもあった傾向だが、たとえ品質がほかの製品より劣っていても、今はより「ストーリーのある商品」が選ばれやすい時代なのだ。そして、ストーリーをつくるための最良の手段は、インフルエンサー自身がメーカーになることである。メーカーになれば、商品誕生のストーリーを商品に組み込むことも可能になるからだ。

ここには大手企業は参入しづらい。たとえば、まず「数千人いる社員のうちの一人がこの製品をつくった」というようなストーリーに一般の消費者が共感するのは難しいし、そもそもその社員が会社を辞める可能性だってある。また大手企業で「安く多く売る」ためにやってきた組織が、「一部のファンのためだけにモノをつくって売る」というのは、経営的に難しい部分もある。よって海外でも、大企業はストーリーを語れるベンチャーのブランドを買収するケースが多いのである。

「個人がメーカーになる」ということは想像しにくいかもしれないが、実際にそのようなケースも出始めている。次項でその点を詳しく説明したい。

## アメリカでは個人がつくった商品が大ヒット

2015年に、ジェン・ルビオ氏とステフ・コーリー氏、2人のアメリカ人女性が企画したキャリーケース「Away（アウェー）」は、創業2年で50万ケースを売り上げる大ヒット商品となった。

Awayの特徴は、「スマートフォンなどを充電できるモバイルバッテリーが内蔵されている」という点だ。

旅行中もスマートフォンが手放せないという人は多いと思うが、その際に気になるのがバッテリー残量。もし電源のないところでバッテリーが切れてしまったら、飛行機のeチケットが出せない、知人と連絡が取れない、地図アプリを開けないなど、旅にもさまざまな支障をきたしてしまう。

モバイルバッテリーを持ち歩けば解決するかもしれないが、荷物をいっぱい詰め込んだキャリーケースを街なかで開くのは面倒だ。しかし、Awayは外部に充電可能なUSB差込口があるため、そのような心配とは無縁で、移動中でも簡単にスマートフォンを充電できるようになっている。

Awayのヒットは、「旅行中にキャリーケースを開かなくてもスマートフォンを充電できる」という点で、ユーザーの共感を得られたからだろう。ただ、このアイデア一つでこれだけの大ヒット商品になるとは考えにくい。

重要だったのは、**商品を生み出した過程の「ストーリー」**だ。

このAwayが生まれたもともとのきっかけは、共同創業者のルビオ氏がキャリーケースを買い換える際に、自分に合った商品が見つからなかったことだった。既存の商品は、旅費よりも高価な品か、すぐに壊れる安物に二極化していたため、ルビオ氏はそこにビジネスチャンスがあるだろうと睨んだ。そしてコーリー氏とともに新しいキャリーケースづくりに取り掛かったのだ。

そのときには、1000人以上の聞き取り調査を行ったのだが、こうしたことも、「こんなのが欲しかった」という共感に近づけるポイントだっただろう。

「世界一の履き心地」といわれるAllbirds（オールバーズ）というスニーカーブランドにも、誰かに語りたくなる「ストーリー」がある。

Allbirdsは、元プロサッカー選手でニュージーランド代表としてワールドカップへの出場経験もあるティム・ブラウン氏が2014年に開発したウール製スニーカーだ。

元サッカー選手の彼にとって、シューズはいつでも特別な存在。しかし彼は、合成素材のシューズではなく、天然素材のシューズがあったらいいなと思うことがあった。そこで、ウール製スニーカーの特許を取得し、クラウドファンディングサイトの「Kickstarter」で募集をかけると、わずか4日間で約12万ドル（約1295万円）という資金が集まった。

その後、再生エネルギーを専門とするバイオエンジニアのジョーイ・ズウィリンガー氏とともに創業すると、Allbirdsはさらに飛躍を遂げる。シリコンバレーの著名人らの間でAllbirdsが人気となり、「ITスニーカー」とも呼ばれるようになったのだ。


さらに、この製品の素材にもストーリーがある。

一般的なスニーカーは、合成素材が使われているが、Allbirdsのスニーカーは、ブラウン氏がこだわったようにウールやヒマシ油といった天然素材が使われている。高い環境基準を満たした製品をつくることで、「環境にもやさしい」というストーリーまでそこに加えたのである。

Allbirdsに使われているウールは、保温や保湿の機能が高い、ニュージーランド産のメリノウールだ。軽くて伸縮性があり、通気性もいい。ルーム用スリッパのような履き心地をスニーカーで実現しているのだ。

## 共感を得るストーリーの2つのセオリー

個人がメーカーとなり、商品をヒットさせるには、繰り返すように多くの人から共感を得られる「ストーリー」が必要だが、そこには2つのセオリーがある。

われわれ消費者からは、一見すると関係のない話かもしれないが、自分がどういう動機で買い物をするようになるのか、その理解には役立つだろう。また、ある日突然ヒット商品のアイデアが浮かんだときの参考になるかもしれない。年齢や職業に関係なくそうしたチャンスが訪れるのも、個人が主役となるデジタルシェルフ時代でもあるのだ。

### セオリー① WhatよりもWhyとHow

まず重要なのは、ストーリーにおいて「What／何をつくったか」は重要ではないということなのだ。むしろ何だっていい。キャリーケースとスニーカーの例を挙げたが、文房具でも食器でも何でも構わない。自分にとって身近なもの、ストーリーが成り立ちやすいもののほうがいい、という程度だ。

**Whatより重要なのは、「Why／なぜそれをつくったか」ということ、そして、「How／どのようにつくったか」ということ**だ。この2つが語れないようであれば、そのビジネスは始めるべきではないだろう。

セオリー② ストーリーは長いほどいい

そしてもう一つ大事なのが、そのストーリーの「長さ」だ。

**半日でつくられるものより、1週間、1カ月と時間がかかるものほど、人々の共感は強くなりやすい**。そして同じものでも、たくさんのプロセスを見せたほうが共感を得やすくなる。

たとえば、竹の箸をつくるにしても、職人が作業をしているところからではなく、材料となる竹を取ってくるところから見せたほうがいい。自家製ジャムをつくるのであれば、ジャム工場での製造からではなく、その素材となるイチゴやブドウの収穫から見せたほうがいいのだ。

そういう意味では、写真だけで見せるInstagramなどよりも、ライブコマースのほうが、メーカーや小売りとなるインフルエンサーとは相性がいい。ライブコマースは配信時間が長いので、それだけ多くのストーリーを見せられる利点があるからだ。

## 日本でも個人がD to Cに目覚め始める

キャリーケースのAway、スニーカーのAllbirdsのビジネスモデルは、第2章でも述べたD to C（ダイレクト・トゥ・コンシューマー）である。

一般的にD to Cは、メーカーが直接、自分たちの商品を消費者に届けるビジネスモデルのことをいうが、このように個人でも成立する。それは、先にも紹介したコスメブランドの「Glossier（グロッシアー）」にも同じことがいえる。

アメリカでは、こうした個人発のD to Cモデルが一大ブームとなっている。それが小さなマーケットで起こっているのではなく、1人で100億円、200億円と売り上げる事例が相次いでいるのだ。

ではこのD to Cブーム、日本ではどうなのかというと、実はすでにそのようなムーブメントは一度起こっていた。舞台は楽天市場だ。

楽天市場では、出品者が自ら顔出しをして、「私たちが真心込めてつくりました」などと製造プロセスを説明しながら商品を紹介することがよくあった。主にテキストと写真による説明だったが、これらはライブコマースと同じく、「共感できるストーリー」を見せるためだ。

楽天市場において、こうしたやり方で大金を稼ぐ、資本力の大きくない地方企業が数多く出現したのは、10年ほど前。ジャンルとしては、食品・アパレル・家具など、多くのジャンルにわたっていた。

Amazonが台頭すると、そうした手間をかける出品者は少なくなったが、楽天にはもともと、Amazonにはない長所がたくさんある。

たとえば、「タラバガニを買いたい」というような場合は、Amazonよりも楽天市場に出品する業者を見に行く人が多い。また、地域の特産品のような、丁寧に説明したほうがいい商品は、楽天市場に分がある。母の日ギフト、父の日ギフト、出産祝いなどのイベント的な贈り物。印鑑や名札など、自分だけのカスタマイズ商品などもそうだ。

では、これらに共通しているのは何か？

それは、**「比較したくても比較しづらいもの」「大量生産できないもの」ということだ。こうした商品はAmazonが取り扱いにくいジャンル**なのである。

DtoCは、中間業者を通さない分、価格も抑えやすい。これも大量生産ができない個人事業者にとっては大きなメリットである。先ほどのAwayも、安価なモデルは225ドル（約2万4000円）に設定されている。誰もが満足できる品質にこだわったキャリーケースをこの価格で提供することは、従来のビジネスモデルではなかなか難しいだろう。

日本でも個人がDtoCビジネスを始める環境は整っている。アメリカのような大ヒット商品が生まれる可能性は十分にある。

## デジタルシェルフは5Gで加速する

ここまでの話で、デジタルシェルフ時代には、

①データドリブンにより、ＡＩを活用して自分に必要なものが自然に届くようになる
②他人の意見によって商品を購入するようになる

ということについて、大枠のイメージをつかんでいただけたのではないだろうか。

ただ、こう思う人もいるはずだ。

「インターネットは１９９０年代からみんな使ってきたし、スマートフォンだって何年も前から使っている。すでにあるものは変わらないのに、なぜこれからデジタルシェルフ化が急速に進むといえるのか？」

確かにインターネットもスマートフォンも、もうずっと前から普及している。それでできることはひと通り体験しているし、ここから急激な変化が起こることをなかなか想像しにくい面もあるかもしれない。

しかし、２０２０年に、私たちはインターネットの登場以来となる、大きな技術革新を目撃することになるのだ。

それこそが、次世代ネットワークの**「5G」**である。

5Gとは第5世代移動体通信システムのことで、GはGenerationの頭文字を取っている。今、私たちが主に使っているのは第4世代の4Gだ。3G時代にはモバイル端末ではまだ動画などは見づらかったが、4Gからは快適に見られるようになった。この4Gの時代にスマートフォンが普及し、ユーチューバーが台頭し、動画配信サービスやゲームなどを誰もが楽しめるようになった。

5Gはその4Gをはるかに上回る通信速度となる。数値でいえば、4Gの75

〈図表10:「5G」で買い物はどう変わるか〉

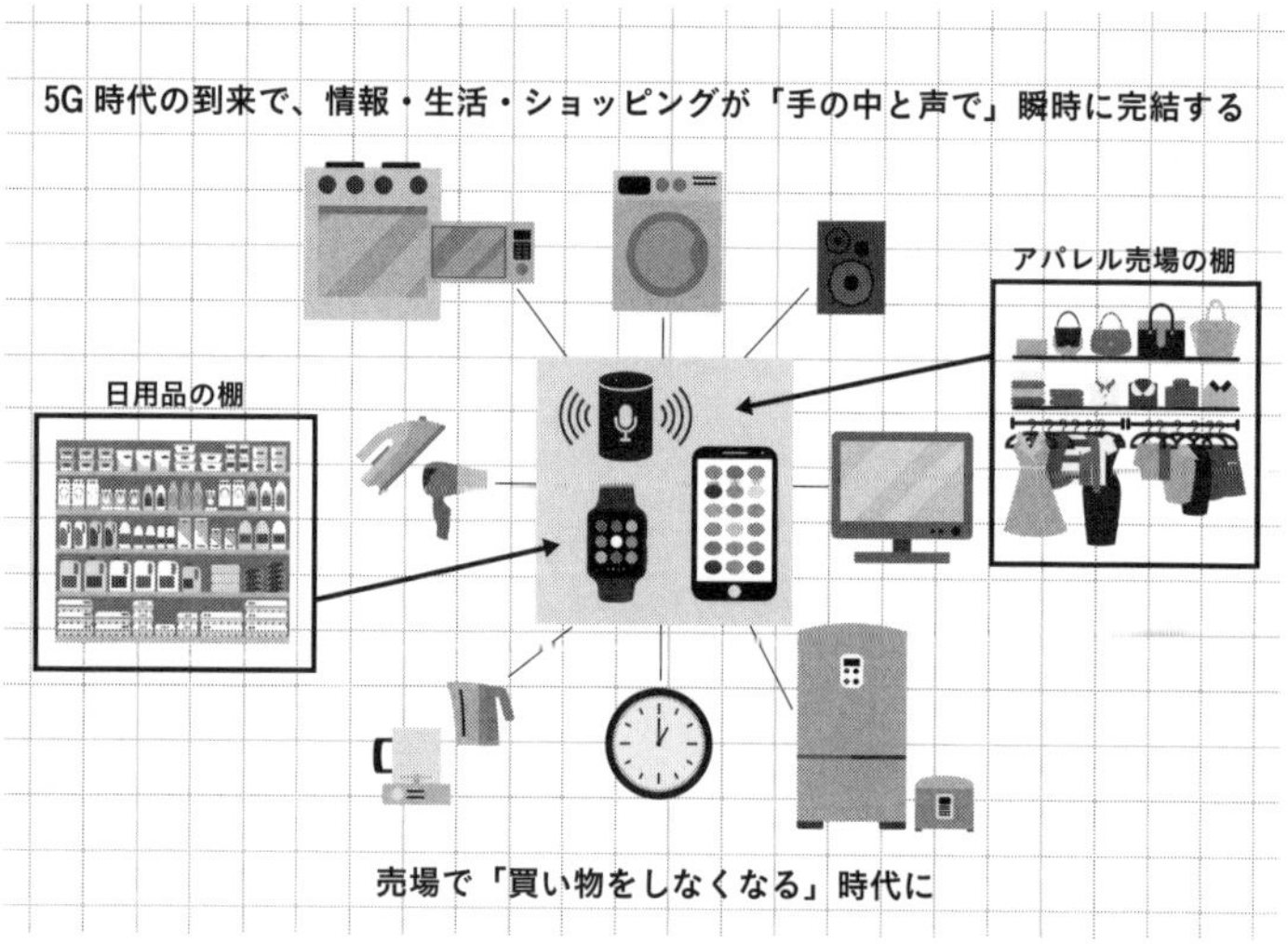

Ｍｂｐｓ～１００Ｍｂｐｓから１００倍以上となる10Ｇｂｐｓ以上なのだ。大容量のデータも瞬時に転送が可能で、私たちの身の回りでさまざまな変化が起こるだろう。

とりわけＶＲ（仮想現実）、ＡＲ（拡張現実）センサーを活用した分野は、飛躍的に成長するとみられている。

たとえば、商品購入前にＶＲで実物大の商品イメージが確認できるようになる。遠く離れた人同士がＶＲで集まり、あたかもそこにみんながいるかのように身振り手振りを交えて会議をする。センサーが体調の変化を感知してすぐに健康食品が届けられる。そんなＳＦ映画のようなことが当たり前となるのだ。

いや、**正確には、専門家でもどんな革新的なことが起こるかは予想できていない。１Ｇから４Ｇまでの進化よりも大きなインパクトが、この５Ｇで起こるだろう**といわれている。

５Ｇのサービス開始で、商品が変わり、家が変わり、街が変わる。

そして時間の使い方が変わる。「買い物」にかけていた時間は、ほぼなくなるのだ。

第 5 章

# 「人々が『買い物』をしなくなる未来」の先にあるもの

デジタルシェルフにより、身の回りのすべてのものが商品棚になる。私たちが買い物にかける時間は今よりもさらに短くなり、限りなくゼロに近づいていくだろう。そしてその先の未来には、私たちが想像しないような世界が待っている。今はまだＳＦ映画のような話に聞こえるかもしれないが、その世界は間違いなく現在の延長線にある。

# 買い物時間が「0秒」になって消えるもの

1日かけて出かけていた百貨店。
1時間かけて出かけていたスーパー。
10分程度の外出で済むコンビニエンスストア。
1分程度で済むインターネットショッピング。

私たちの買い物の時間は、時代とともに短くなっている。いまや私たちは、電車の中で高級ブランドバッグを買うこともあるし、トイレの個室の中で今晩の食事を注文したりする。そういう時代なのだ。まさに1分の中で買い物は行われる。この短い時間を、小売りやメーカーは奪い合っている。多くの消費者は気づいていないかもしれないが、たとえば、朝の通勤時間の8時を狙ってクーポンを送ったり、ランチタイムの12時にメルマガを送ったりしてライバルからユーザーを奪っているのである。

これがさらに進むと、1分よりも短い、自動的、もしくは瞬間的な買い物が起こる可能性がある。デジタルシェルフ時代の初期には、この買い物時間は1秒ほどになるだろう。**買い物は、「自分で探して選ぶ」という形ではなくなり、AIが勝手に探してきてくれる、あるいは人からすすめられたものだけ欲しくなる。**

あとは、それを決済するかどうか、その時間だけの問題である。

私と同世代の人などは、相変わらず性能や価格を見比べて悩み続けるかもしれないが、時代の変化に順応していく人から、買い物を1秒で終わらせるようになるだろう。すでに今の若い人たちの中には、買うものをいちいち吟味せずに、1秒で買い物を済ませている人もいるのだ。

デジタルシェルフ化が進むと、買い物の時間は限りなくゼロに近づく。

部屋中にさまざまなセンサーが張り巡らされ、人間の体にもウェアラブル端末で何かしらのセンサーが文字通り「身についた」状態だ。センサーは環境や人間のさまざまな変化を感知し、それを分析したＡＩが今ユーザーに必要なものを自動的に注文して取り寄せるようになる。テレビを見ていて気になったものがあったら、ボタン一つで注文が完了してしまう。そうなってくると、「買い物をしている」という感覚はなくなるだろう。

こうして買い物時間が「０秒」になると、世の中からさまざまなものが消えることになる。リアル店舗のレジや店員は、Amazon Goのような無人店舗が普及する段階で消え、その次の段階として、在庫や包装といったものが不要なものと判断されて消えていく。価格が最適化されるので、値引きもなくなるのである。

今は流行りの「オムニチャネル」もなくなるだろう。オムニチャネルとは、リアル店舗やＥＣサイト、スマートフォンアプリなど、お客さんとの接点を増やして売上を伸ばしていく方法だが、「接点をたくさん持つこと」の意味は薄くなる。

なぜなら消費者は、商品・場所・価格・口コミなどすべての情報とつながり、買い物のために何かを記憶したり、思考したり、判断したりする必要もなくなっていくからだ。**消**

**費者にとっては、「何も考えていなくても、今、必要なものがピンポイントで届く」という**
**ことのほうが重要**なのだ。

## いつでも「バーチャルコンシェルジュ」が帯同

前章で、5Gのサービス開始で世界が一変するということを述べたが、その技術革新により、私たちの生活はさらに快適になっていく。

今でも家族で、友人同士で、ライブ配信をしている人たちは珍しくない。中には24時間つなぎっぱなしという人もいるくらいだ。

彼らはライブ配信の中で会話をしたり、一緒にゲームをしたりするだけでなく、一緒に勉強をして、一緒に食事をして、一緒に外出するのも当たり前になっているのだ。

5G、そして6Gの時代ともなれば、リアルとバーチャルの境もなくなるだろう。

今はまだ「感触」を伝えることはできないが、感触を伝送する技術が実用化されれば、おじいちゃん、おばあちゃんが遠くに住んでいる孫をだっこしてあげることだってできそうだ。「いつも電話で声しか聞いていない孫に会えてうれしい」から「VRでしか触ったことのない孫に会えてうれしい」に。人に直接会う機会は減るが、その分「会うことの価値」は高まるだろう。

商品やサービスも大きく変わる。塾がVRに、学校がVRに、そして職場もVRに。VRでしか会ったことのない友達・先生・同僚がいてもおかしくないのだ。

冷蔵庫・洗濯機・玄関・風呂・ベッド・カーテン・テーブルなど、家の中のものがすべて人間とつながり、生活の中には、執事のように常に「バーチャルコンシェルジュ」が帯同するのだ。

たとえば、風呂に入る時間になれば勝手に湯船にお湯をためてくれる。眠くなったら照明の明るさを落としてくれる。朝、目覚めの時間に合わせてカーテンを開けてくれる。おなかがすいたら料理が自動的に届く。週末のデートに合わせてふさわしい洋服が届く。

**起きてから寝るまで、そして寝ている間も、その人に最適なサービスが提供され続けることになる**だろう。

# サブスクで人がモノを持たなくなる時代

第2章で述べたサブスクリプションは、私たちの「所有」の概念を大きく変えている。このことはすでに述べた通りだが、この先の未来では、私たちの生活にさらに浸透していくだろう。

今はまだ、高額なものや、その都度の支払いが面倒なものが中心のサブスクリプションだが、やがて多くのものがサブスクに変わっていくだろう。店舗がなくなっていくので、そのほうが結果的にモノを入手したりサービスを受けたりしやすいというのもある。しかもそれがさまざまなサービスとセットになって、複合的に進化していくのだ。

オランダの新興自転車メーカー「VanMoof（バンムーフ）」は、ハイクオリティの電動アシストのシティバイクを販売しているが、その価格は日本の一般的な電動アシスト自転車の3倍から4倍もする。簡単には手が届かない代物だが、「VanMoof+」というサブスクのサービスを利用すれば、月額3000円で使い放題になる。そこには無料で修理を受けられるサービスも含まれている。また、自転車には盗難対策機能がついており、万が一盗難に遭った場合は、別途1万円を払うことでVanMoofが捜索を開始し、見つからなかった場合は新しい自転車が提供されることになっている。

さらに使い勝手がいいのは、世界中のVanMoofのショップで自転車を借りることができるので、海外旅行や出張の多い人にとっては、「自分の自転車が世界中にある」という状態なのだ。

このサービスがさらに進化すれば、あらゆる場所で受け渡しができるようになり、どこでも乗り始め、乗り捨てられるようになるだろう。

サブスクの進んでいる中国では、ピアノのサブスクサービスにピアノの先生がついている。また、子どもが鍵盤をどう叩いたかをアプリで記録していて、実際の先生が見てアドバイスしてくれるサービスもあれば、AIが指導してくれるものもある。

こうなると、ピアノを所有する必要はないし、レッスンの時間を先生に合わせる必要もない。そのうちVRと組み合わせたサービスも始まるだろう。

もしかするとピアノそのものがバーチャル化し、センサーが指の動きを感知してピアノの音を奏でているかもしれない。

**サブスクの隆盛で、私たちは「モノを持たなくなる時代」に突入する。**家には今使うものだけがある状態となり、住宅事情も大きな変化が起こるかもしれない。物置やクローゼットはなくなり、団らんのスペースが拡張されて、VR用の部屋が新しくできる。そして家そのものがサブスクになり、賃貸よりも容易なかたちで、自由に自分の好きな場所に住める時代になる。さらに流動化が進めば、「住む」という概念すら失われるかもしれない。

今も「自宅を持たない人」はいるが、多くの人にとってそれが当たり前になるのだ。

## ネットを「人が検索する」シーンはなくなる!?

インターネットの発展は、「検索」とともにあったと言っても過言ではない。

インターネット黎明期から、私たちは検索エンジンの利便性を享受し、グーグル検索が普及してからは、もう検索なしでは仕事や私生活が成り立たないほど、わからないものは何でも検索して解決するようになった。買い物においても、検索から入る人は多かっただろう。

しかし、デジタルシェルフの時代に、服も靴もメガネも腕時計もウェアラブル端末になっていくと、**AIが勝手に必要なものを調達してくれるので、自分で必要なものを「探す」必要がない**。身の回りの世話も、先ほどのバーチャルコンシェルジュが請け負ってくれるため、おいしいお店を探すのも、週末のイベント情報をチェックするのも、自分で検索する必要はないのだ。

その代わりに、「Twitter」のようなSNSで情報を取得することが増えるだろう。「Twitter」では、最初の言葉こそ検索するが、そこからは検索しなくても、関連の情報がにょきにょきと現れてくる。このほうが、自分の知りたい情報を見つけやすい。ローカルなトピックもリアルタイムで見つかりやすいというメリットがある。

いわゆる「マスメディア」はなくなり、メディアは個人に最適化された情報を届けるようになるだろう。今もＡＩが勝手にニュースを選んでくることがあるが、「その人のために書かれた記事」をＡＩがつくり始めるかもしれないのである。

## 行動がスコアリングされて個人情報が筒抜けに

新しい時代のデメリットとして、先にも少し触れたが、個人情報が筒抜けになるリスクが増大することは忘れてはならないだろう。それらは便利さと引き換えのものだ。**これから最先端のサービスを受けるには、その人の買い物履歴や移動履歴、健康状態など、すべてのプライベートな情報をサービス提供者に送り続けなければならない。**また、街なかにもあらゆる場所に監視カメラやセンサーが設置され、通行人の行動は逐一記録されるようになるだろう。

個々のスコアリングも進んでいく。その人がどんな職業か。どんなスキルを持っているか。銀行からいくらお金を借りているか。

こうした個人情報が、いつか市場に出回ってしまわないかと警戒感を持つ人もいる。もちろんそのリスクはゼロではない。しかし、どんなに拒絶したくても、私たちはそのリスクを受け入れることになるだろう。それだけ革新的なサービスが次々に登場するからだ。

「いつものやつをお願い」

皆さんの中にも、こういうことを言える店が一つや二つあるという人がいるかもしれない。ネットショッピングが主流になってしまうと、なかなかそういう馴染みの店はつくりにくいが、これからはすべての消費者が、全国どこでも「常連さん」になりうる。

スコアリングが進むことで、私たちは常に最適な商品・サービスを見つけられるようになる。「いつものやつ」と言えば通じるし、ゆくゆくはＡＩが勝手に「いつものやつ」を選んでくるようになるだろう。

すべての人が常連になることは、社会的にも意義深いことだ。これまでの大量生産・大量消費型社会では、需要を正確に見込めなくても、たくさんのものをつくっていた。その分、売れ残りや食べ残しも大量に発生していたが、ＡＩとビッグデータは、個別データをしっかりと分析・管理するため、そうした無駄はなくなるだろう。

一方で、「負のスコアリング」も進んでいく。

たとえば、「このお客さんは、ほかのお客さんに比べて返品の数が多い」となれば、ブラックリストに載せられてしまうかもしれない。また、「配達指定時間に在宅していない」ということがあれば、運送会社に配達を拒否されてしまうかもしれない。近い将来、最適化された商品が最初から手に入るなら返品もなくなるし、配達方法についてもムダが出ない方法に変わっていくだろうが、そうした**「負のスコア」が蓄積されることで、新しいサービスが受けられなくなる可能性もある**のだ。

スコアリングされるのは「買う側」だけではない。「売る側」もスコアリングされ、評価の高い人気のある店員はスター店員になり、評価の低い店員は別の仕事を探さなくてはならなくなるだろう。

これからの消費者は、「企業からモノを買う」「店でモノを買う」という意識が薄れていく。その代わりに、「人からモノを買う」ということが増える。フォロワーの多いインフルエンサーが、企業からオファーを受けて店舗に立つことも増えてくるだろう。

すでに中国では、店員のスコアリングが進んでいて、近年は店員の質の向上が顕著に、いや、劇的と表現するのが正しいくらいの変化を見せているのである。お客さんから悪い評価を受けると自分のスコアが下がってしまうので、最初から最後まで丁寧に接してくれる。

店員は、お客さんとコミュニケーションを取る中でスコアを上げながら、どんどんモノを売っていく。そして売上に応じて収入を得ている。

これまで販売員で高収入を得ることは難しかったが、これからは人気商売となるのだ。スター店員ともなれば、億万長者も夢ではないだろう。

技術の進歩の過程で新たに見直されることは多いだろう。

その最たるものは、「**人とのつながり**」だ。

デジタルシェルフ時代にも、そしてさらにその先の時代にも、私たちは結局のところ、「人とのつながり」を一番に求めているのだ。その価値を追い続ける企業が生き残り、それを大切にする個人が人生を謳歌する時代となるだろう。

## 買い物を楽しく創造的にするのは私たち消費者

5年ほど前、ある大手化粧品メーカーの役員から相談があった。

「テレビを見ない若者世代に、ＣＭや実店舗を介さずにネットだけで売るブランドを、ゼロからつくれませんか？　お金はいくらかかっても構いません」

実はそれと同じ時期に、別の大手化粧品メーカーからも似たような相談を受けていたのだ。それも1社ではなく、複数社から。偶然ではなく、これには理由があった。

当時、化粧品メーカーは、マス広告を中心とした今までの販売方法に危機感を覚えていた。新商品を発売する際に、「テレビでＣＭを大量に流して小売りの棚を確保する」ということの効果が下がり、一方でネットショッピングが急速に伸びていた。マーケティング方法をこれまでとは大きく変える必要があったのだ。

その頃の化粧品メーカーのネット戦略といえば、自分たちのウェブサイトがあるだけで、更新もしていない。消費者がそこで直接買うこともできないのがほとんどだった。ファンの顧客からはよく、「欲しい商品が近くの店に置いてないから直接売ってほしい」という問い合わせが、サイトを通じて寄せられていたそうだ。

メーカーからの依頼を受けた私は、実店舗で販売せず、ネット経由のみで商品を売る「オンラインブランド」というコンセプトを形にするため、何度もアメリカに渡り調査を進めた。アメリカではちょうど、無名のメーカーが広告費を使わずに大手メーカーを苦戦させているという現状があり、実際に500社ほど無名のベンチャーのメーカーを調べてみると、日本の大手メーカーとは異なるアプローチをしていた。

彼らは若者が直接メーカーから商品を買ったり、「こういう商品をつくってほしい」といった意見を拾い上げたりすることに積極的だった。ネット上で影響力を持つインフルエンサーの活用もうまく、SNSでインフルエンサーが商品を紹介すれば、それが飛ぶように売れていたのだ。

「日本も間違いなくこういう時代になる」――少し先の未来が見えたような気がした。日本に戻り、私はさっそく「オンラインブランド」の専門支援部署を立ち上げ、マーケティングに取り掛かった。その結果、支援したブランドは、わずか1年という短い期間で、それまで実店舗で売れていたギネス販売記録を破るほど売れたのだ。

ここで新たに発見したことは、**メーカーが消費者と直接つながって声を聴くことで、熱狂的なファンが生まれる**ということだった。そうしたファンは同じ商品を繰り返し注文し、口コミでも高い評価をしてくれた。「モノを買わない時代」と言われて久しいが、決してそうではないという確信もこのときに得た。

私は本書で、「人々は買い物をしなくなる」といったことを述べてきたが、それは逆説的に、買い物が人々の生活に深く浸透することを意味する。そして、私たちのショッピング体験が多様化することも意味する。皆さんにもそのことはおわかりいただけたのではないだろうか。

実際、2018年ごろから、日本でも消費文化が大きく変わり始めている。これからネットショッピングがさらに進化することで、それは時代を動かす「より大きな波」になっていくはずだ。

もちろん、何事にもメリットとデメリットがあるように、私たちが手に入れるものばかりではない。「いつ・どこで・何を買ったか」という情報は個人のものではなくなり、企業のものとなる。機械任せでいることで思考停止状態に陥りやすくなる。便利になって自由な時間が増えたはずなのに、新しいことに時間を奪われて「前よりも時間がなくなった」

という人も出てくるのではないか。

こうした変化は、嫌だからといってすべてを拒絶することはできない。最初は受け入れないようにしている人も、いずれその中に取り込まれていくだろう。良くも悪くも、それがやがて、生活の中で「当たり前」になるのだ。

この流れに完全に身を任せてしまうのは危険が多いし、抗《あらが》っていては時代に取り残される。**大事なのは、次の10年を見据えて変化をつかむこと**である。

もはやショッピングの選択権は、マス広告を打つ大企業ではなく、われわれ消費者が握っている。だからこそ、私たちは自分自身の手で、ショッピングを、そして生活を、これからもっと楽しく、創造的なものにすることができるのだ。

私はこれからも、「デジタルシェルフ」を中心に、マーケティングの最前線からその変化を確かめ、さまざまな情報発信をしていきたいと思っている。

【著者略歴】

**望月智之（もちづき・ともゆき）**

株式会社いつも．取締役副社長

東証１部の経営コンサルティング会社を経て、株式会社いつも．を共同創業。同社はコンサルティング会社として、全国のメーカー・小売企業にデジタルマーケティング支援を提供している。自らはデジタル先進国である米国・中国を定期的に訪れ、最前線の情報を収集。デジタル消費トレンドの第一人者として、消費財・ファッション・食品・化粧品のライフスタイル領域を中心に、ブランド企業に対するデジタルシフトやEコマース戦略などのコンサルティングを数多く手掛ける。「J-WAVE」「東洋経済オンライン」等メディアへの出演・寄稿やセミナー登壇など多数。

企画協力　立川哲夫（株式会社いつも．）

**2025《にせんにじゅうご》年《ねん》、人《ひと》は「買《か》い物《もの》」をしなくなる**

2019年11月21日　初版発行
2020年 4月 1日　第6刷発行

発行　**株式会社クロスメディア・パブリッシング**

発行者　小早川幸一郎
〒151-0051　東京都渋谷区千駄ヶ谷4-20-3 東栄神宮外苑ビル
http://www.cm-publishing.co.jp
■本の内容に関するお問い合わせ先 ……………… TEL (03)5413-3140／FAX (03)5413-3141

発売　**株式会社インプレス**

〒101-0051　東京都千代田区神田神保町一丁目105番地
■乱丁本・落丁本などのお問い合わせ先 ……………… TEL (03)6837-5016／FAX (03)6837-5023
service@impress.co.jp
（受付時間　10:00～12:00、13:00～17:00　土日・祝日を除く）
※古書店で購入されたものについてはお取り替えできません

■書店／販売店のご注文窓口
株式会社インプレス　受注センター ……………… TEL (048)449-8040／FAX (048)449-8041
株式会社インプレス　出版営業部 ……………… TEL (03)6837-4635

カバー・本文デザイン　金澤浩二（cmD）
DTP・図版　荒好見（cmD）
印刷・製本　株式会社シナノ
編集協力　香川誠
校正　小倉レイコ
ISBN 978-4-295-40343-2　C2034